KB269549

데스밸리를 넘어라!

# 성공적인 자금조달

하움

# 성공적인 자금조달

**1판 1쇄 발행** 2025년 12월 12일

**저자** 천형성 김세준 김수미 박진경 백종대
유  현 윤미정 최환석 탁경만

**교정** 신선미  **편집** 문서아  **마케팅·지원** 이창민

**펴낸곳** (주)하움출판사  **펴낸이** 문현광

**이메일** haum1000@naver.com  **홈페이지** haum.kr
**블로그** blog.naver.com/haum1000  **인스타그램** @haum1007

**ISBN** 979-11-7374-262-0 (03320)

“자금 조달은 기업의 혈액이고,
생명줄입니다.”

자금 조달은 그저 '돈을 끌어오는 일'이 아닌, 기업을 지탱하는 생명줄과 같습니다. 아무리 훌륭한 아이디어와 제품이 있어도, 이 필수적인 자본의 흐름이 없다면 성장은 멈출 수밖에 없습니다. 따라서 자본 확보는 모든 경영 활동의 가장 중요한 시작점이며, 이는 곧 우리 기업의 미래를 결정짓는 핵심적인 에너지가 됩니다. 우리는 이 과정을 통해 기업의 잠재력과 가치를 시장에 보여 주고, 성장에 필요한 자원을 확보해야 합니다. 마치 생명을 불어넣듯, 이 첫 단추를 신중하게 꿰는 것이 바로 장기적인 성공을 위한 초석을 다지는 출발선입니다.

그렇다면 자금 조달의 본질은 무엇일까요? 이는 단순히 돈을 받는 것이 아니라, 우리의 비전을 투자자의 성공적인 기대와 교환하는 신뢰의 과정입니다. 기업은 현재의 재무 상태뿐 아니라, 우리가 그려 나갈 미래의 성장 로드맵에 대한 진심 어린 청사진을 제시해야 합니다. 단기적인 필요를 채우기보다, 장기적으로 함께 성장할 수 있는 든든한 파트너십을 구축하는 것이 핵심입니다. 이 과정은 자본시장과 끊임없이 소통하며, 우리 기업의 진정성과 가치를 설득하는 아름다운 스토리텔링입니다. 결국 진정한 자금 조달은 서로에게 이익이 되는 전략적 동반자가 되도록 설계되어야 한다는 점입니다.

　하지만 현실적으로 자금 조달이 늘 어려운 이유는 경영자의 무지와 더불어 욕심, 시장의 불확실성 때문입니다. 투자자들은 수많은 기회 속에서 우리 회사의 가치와 잠재적 리스크를 명확히 파악하기를 원합니다. 특히 이제 막 발돋움하려는 초기 기업들은 검증된 실적이 부족하기에, 투자 유치가 더욱더 간절하면서도 까다롭습니다. 이런 상황에서 우리에게 필요한 것은 감성적인 호소가 아닌, 모든 의문을 해소할 수 있는 데이터 기반의 명확한 개념의 이해와 논리 있는 주장과 확신에 찬 설득에 있습니다.

　성공적인 투자 유치라는 결실을 맺기 위해서는 투자자들이 무엇에 관심을 가지는지 알고 철저히 준비해야 합니다. 투자자들은 단순한 아이디어가 아니라, 시장에서 성공을 거둘 수 있는 검증 가능한 전략과 유능한 팀을 찾고 있습니다. 우리는 정교한 재무 예측, 완벽한 법적 준비, 그리고 명쾌한 출구 전략(Exit Strategy)으로 전문성을 보여 줘야 합니다. 투자가 이루어지는 순간, 우리는 파트너에게 약속한 성과를 반드시 달성해야 하는 책임감을 갖게 됩니다. 따라서 유치 준비는 단순한 서류 작업이 아니라, 회사의 다음 도약을 위한 모든 것을 점검하는 진정성 있는 귀한 시간이 되어야 합니다.

　결국 성공적인 자금 조달은 목표액 달성을 넘어, 우리 기업이 지속적으로 혁신하고 성장할 수 있는 안정적인 기반을 확보하는 일입니다. 이는 최고의 조건으로, 우리의 비전을 진심으로 지지해 줄 현명한 파트너를 적시에 만나는 것을 의미합니다. 이 과정을 통해 우리는 재정적 안정을 바탕으로 핵심 경쟁력을 강화하고, 시장에서의 입지를 더욱 확고히 할 수 있습니다. 궁극적으로 성공적인 자금 조달은 우리 회사의 장기적인 가치를 폭발적으로 끌어올리는 결정적인 촉매제로써 비전을 제시할 수 있어야 합니다. 자금 조달의 성공은 곧 기업의 다음 시대를 여는 마스터키인 것입니다.

기회는 언제나 시장의 요구를 정확히 이해하고 철저히 준비된 자에게 찾아오기 마련입니다. 성공적인 자금 조달은 우연이 아닌, 명확하게 준비된 언어, 객관적인 논리, 그리고 치밀한 전략으로 이루어지는 필연적인 결과입니다. 이 책은 당신의 비즈니스를 한 단계 더 높은 차원으로 성장시킬 수 있는 현실적이고 실질적인 정보를 담고 있습니다. 자금 조달은 단순한 재무적 행위가 아니라, 마치 기업을 경영하듯 이 영역을 깊이 이해하고 준비하는 사람만이 승리하는 전문적인 영역입니다. 이 책이 독자 여러분께서 성공적인 자금 조달 출발이 될 수 있기를 소망하며, 응원합니다.

감사합니다.

저자 드림.

**"기업에게 자금은 생명이다."**

## 목차

## Chapter 6

# 사업계획서, IR & 피치 덱    163



## Chapter 7

# 딜 소싱(Deal Sourcing)    191

## Chapter 11

# PR & 커뮤니케이션 전략   231



## Chapter 12

# 지식재산과 자금 조달   245

“성공적인 자금 조달의 핵심은
올바로 아는 것이 가장 우선합니다.”

## Chapter 1

# 자금 조달 개요

# 1. 자금 조달이란?

자금 조달(Financing)은 기업이나 개인이 사업 운영, 투자, 성장, 재무 안정 등을 위해 필요한 자금을 내부 또는 외부의 다양한 경로를 통해 확보하는 활동입니다. 이는 단순한 '돈을 빌리는 행위'가 아니라 자본 구조를 설계하고 기업의 전략적 방향성과도 밀접히 연계되는 중요한 경영 활동입니다.

# 2. 자금 조달 목적

자금 조달은 명확한 사용 목적을 가져야 합니다.
일반적으로 다음과 같은 다양한 경영 목적으로 조달합니다.

- 창업자금: 사업 초기 인프라 구축, 인건비, 개발비 등
- 운전자금: 재고, 급여, 임차료 등 고정적 운영비용
- 성장 및 투자 자금: 신규 사업 진출, 인수합병, 공장 증설 등
- 경영 위기 대응 자금: 경기 침체, 매출 급감, 유동성 위기 대응
- 구조조정 및 재무 개선 자금: 부채 상환, 재무 안정화 등

# 3. 자금 조달의 객관적 분류 체계

자금 조달 방식은 일반적으로 조달 주체와 자금 출처, 시장에서의 거래

구조에 따라 다음과 같이 구분할 수 있습니다. 여기서는 시장 논리에 기반하여 '내부 조달/외부 조달'과 '타인자본 조달/자기자본 조달', '직접금융/간접금융', '단기자금'과 '장기자금'을 구분하여 체계적으로 정리할 수 있습니다.

## ❶ 조달 원천에 따른 구분

▶ 내부 조달(Internal Financing)

- 기업 내부에서 발생한 자금으로 조달

- 유보이익(이익잉여금)

- 감가상각누계액 활용

- 자산 매각, 구조조정에 따른 현금 확보


▶ 외부 조달(External Financing)

- 기업 외부 이해관계자로부터 자금 유치

- 타인자본(부채) 조달

- 자기자본(지분) 조달


## ❷ 외부자금 조달의 주요 유형

▶ 타인자본 조달(Debt Financing)

- 금융기관 차입: 은행 대출, 대부계약, 프로젝트 파이낸싱(PF)

- 채권 발행: 회사채, 전환사채(CB), 교환사채(EB)

- 기업어음(CP)·매출채권 유동화(ABS)

- 리스·팩터링 등: 자산을 활용한 비담보성 차입 방식

- 정책자금·보증부 대출: 신용보증기금, 기술보증기금 등 활용

▶ **자기자본 조달**(Equity Financing)

- 신주 발행: 보통주, 우선주 발행을 통한 자본 확충

- 제삼자 배정 유상증자

- 벤처캐피털, PEF, CVC 투자

- 엔젤 투자

- 크라우드펀딩(지분형)

- IPO(상장): 공모를 통한 일반 투자자 대상 자금 조달

▶ **메자닌 금융**(Mezzanine Financing)

타인자본과 자기자본의 성격을 모두 가진 혼합형 자금 조달 방식입니다. 주로 특수사채 형태를 띠며, 자금 조달의 유연성을 높여 줍니다.

- 전환사채(CB): <채권+주식전환권>

채권으로 발행되어 이자를 받다가, 일정 조건하에 주식으로 전환할 수 있는 권리가 부여된 사채

- 신주인수권부사채(BW): <채권+신주인수권>

채권은 그대로 유지하면서, 일정 조건하에 미리 정해진 가격으로 신주를 인수할 수 있는 권리(워런트)가 붙은 사채

- 교환사채(EB): <채권+주식교환권>

투자자의 채권을 발행 회사가 이미 보유하고 있는 다른 회사 주식이나 유가증권으로 교환할 수 있는 권리(교환권)가 부여된 사채. 발행 회사가 새로 주식을 발행하지 않고 기존에 보유한 주식을 활용하므로, 주식 가치 희석 문

제가 발생하지 않음

- 상환전환우선주(RCPS): <우선주+상환권+전환권>

우선주이지만, 발행사가 상환할 수 있거나(상환권), 투자자가 보통주로 전환

할 수 있는(전환권) 권리가 부여된 주식

| 항목 | 상세 내용 |
| --- | --- |
| 메자닌 금융 정의 | 타인자본(부채)과 자기자본(지분)의 성격을 모두 가진 혼합형(Hybrid) 자금 조달 방식이라는 정의는 정확합니다. |
| 전환사채(CB) | <채권 + 주식전환권>의 조합으로, 투자자에게 채권 이자와 주식 전환을 통한 시세 차익이라는 두 가지 이점을 제공합니다. |
| 신주인수권부 사채(BW) | <채권 + 신주인수권(워런트)>의 조합으로, 채권은 유지하면서 별도 신주를 인수할 수 있는 권리를 부여합니다. |
| 교환사채(EB) | <채권 + 주식교환권>의 조합입니다. 발행 회사가 이미 보유한 주식으로 교환된다는 점과 이로 인해 주식 가치 희석이 발생하지 않는다는 설명은 EB의 가장 큰 특징입니다. |
| 상환전환 우선주(RCPS) | <우선주 + 상환권 + 전환권>의 세 가지 권리가 모두 부여된 주식으로, 특히 벤처 투자에서 가장 많이 활용되는 메자닌 금융 상품의 일종입니다. |

## ❸ 금융 방식·수단에 따른 구분

▶ 직접금융(Direct Finance)

- 투자자가 기업에 직접 자금 제공

- 주식·채권 발행, 크라우드펀딩 등

➡️ 간접금융(Indirect Finance)

   - 금융기관이 중개 역할 수행

   - 은행 대출, 보증부 금융 상품 등

## ④ 자본 구조적 분류(기간 기준)

➡️ 단기 조달(Short-term Financing)

   - 만기 1년 이하

   - 운전자금, 매출채권 담보 대출, 기업어음 등

➡️ 장기 조달(Long-term Financing)

   - 만기 1년 이상

   - 설비 투자 자금, 회사채, 전환사채, 신주 발행 등

## ④-1 자금 구조적 분류(조달원 기준)

➡️ 자기자본

   - 자본금

   - 자본잉여금

   - 이익잉여금

   - 자본 조정 및 기타포괄손익누계액

➡️ 타인자본

   - 부채: 장기차입, 회사채, 단기차입금, 매입채무 등

- 기업회계 기준상 유동부채(단기)와 비유동부채(장기)로 구분되지만, 자본 구
  조 분석 시에는 보통 장기적인 조달원인 장기 부채를 중심으로 고려

➡️ 혼합자본(Hybrid Capital)

  - 정의: 부채와 자기자본의 성격을 동시에 지닌 자본 조달 방식

  - 예시: 전환사채(CB), 신주인수권부사채(BW), 상환우선주 등


## ⑤ 신금융·대체금융 유형

➡️ 크라우드펀딩(대출형·지분형)

➡️ P2P 대출

➡️ 메자닌(Mezzanine) 투자(CB, BW 등)

➡️ 블록체인 기반 STO(Security Token Offering)

➡️ IP(지식재산) 담보 대출, 로열티 금융

➡️ SPAC(기업인수목적회사)을 통한 상장


## ⑥ 객관적·표준화 용어

➡️ 자금 조달의 출처별 구분

  - 내부 조달 / 외부 조달


➡️ 외부 조달의 성격별 구분

  - 타인자본 조달(부채) / 자기자본 조달(지분)

**▶** 금융방식별 구분

  - 직접금융 / 간접금융


**▶** 기간별 구분

  - 단기 / 장기


**▶** 수단별 구체화

  - 차입금, 채권, 주식, 메자닌, 정책자금, 대체금융


**▶** 조달 주체 및 성격에 따른 분류

  - 자기자본, 타인자본, 자본금, 잉여금, 유동부채, 비유동부채


## ❼ 요약 비교표

| 구분 | 자금 출처 | 중개 유무 | 주요 수단 | 특징 |
|---|---|---|---|---|
| 내부자금 | 기업 내부 | 없음 | 이익잉여금,<br>감가상각비,<br>유보자금 | 비용 없음,<br>외부 간섭 없음 |
| 외부자금 | 기업 외부 | 있음/없음 | 직접·간접 금융 수단 | 시장 거래, 비용 발생,<br>외부 평가 필요 |
| 직접금융 | 투자자 | 없음 | 주식, 채권, VC 투자,<br>IPO 등 | 자금 규모 큼,<br>시장 신뢰 필수 |
| 간접금융 | 금융기관 | 있음 | 은행 대출, 정책자금,<br>보증 대출 등 | 접근성 높음,<br>상환 의무 있음 |

# ⑧ 시장 논리 기반 구조 정리

자금 조달

- 1. 내부자금(비시장성)
  - 이익잉여금, 감가상각, 자산 매각 등
- 2. 외부자금(시장성)
  - 2.1 직접금융(자본시장)
    - 주식·채권 발행, VC, IPO, PEF, 크라우드펀딩
  - 2.2 간접금융(금융기관 중개)
    - 은행 대출, 보증 대출, 정책자금, 리스, CP

| 구분 | 설명 | 예 |
| --- | --- | --- |
| 직접금융 | 금융기관을 거치지 않고 자본 조달 | 주식 발행, 채권 발행, IPO, PEF 유치 등 |
| 간접금융 | 금융기관을 통한 자금 조달 | 은행 대출, 신용보증기금, 리스, 팩터링 등 |

# 4. 자금 조달의 금융 방식·수단에 따른 구분

## ❶ 직접금융과 간접금융의 비교

| 구분 | 직접금융(Direct Financing) | 간접금융(Indirect Financing) |
|---|---|---|
| 정의 | 자금이 필요한 주체(기업)와 자금을 공급하는 주체(투자자)가 금융기관을 거치지 않고 직접 연결되어 자금을 조달하는 방식 | 자금을 필요로 하는 주체가 금융기관(은행 등)을 통해 간접적으로 자금을 조달하는 방식 |
| 중개자 존재 | 없음: 기존 금융기관이 참여하지 않는다는 의미<br>(시장 참여자 간 직접 거래) | 있음: 은행, 보험사 등 금융기관이 중개 역할 수행 |
| 조달 방식 | 주식 발행, 회사채 발행, IPO, VC 유치, PEF 투자 등 | 은행 대출, 리스, 팩터링, 보증 대출 등 |
| 자금 출처 | 자본시장(증권시장, 사모시장 등) | 예금 등 금융기관의 자금 |
| 특징 | • 자본 조달이 가능(지분 투자 포함)<br>• 기업 신용보다 성장성 비전 중시<br>• 시장 평가가 직접 반영됨 | • 비교적 빠른 실행<br>• 담보 또는 신용에 의존<br>• 일정한 금리·상환 조건 있음 |
| 장점 | • 대규모 자금 조달 가능<br>• 이자 비용 없음(지분자금)<br>• 시장 평가를 통한 기업 가치 제고 가능 | • 실행 속도 빠름<br>• 통제권 유지<br>• 자산 담보로 신용이 낮아도 조달 가능 |
| 단점 | • 절차 복잡(IR, 실사 등)<br>• 지분 희석 우려<br>• 공시 의무 등 규제 강함 | • 이자 비용 부담<br>• 상환 의무 존재<br>• 금융기관 기준에 따라 한도 제한 |

## ② 직접금융 예시

➡ 주식 발행(유상증자): 투자자로부터 직접 자본을 유치

➡ 회사채 발행: 시장에서 채권을 발행해 자금을 모집

➡ 전환사채(CB), 신주인수권부사채(BW): 채권 + 지분 전환 옵션 포함

➡ IPO(기업공개): 일반 대중에게 주식을 공개하고 자금을 확보

➡ VC(벤처캐피털), PEF(사모펀드): 스타트업, 비상장 기업의 지분에 직접 투자

## ③ 간접금융 예시

➡ 은행 대출: 담보·신용을 기반으로 자금 차입

➡ 시설/운전자금 대출: 중소기업 대상 자금 지원

➡ 보증서 대출: 신용보증기금, 기술보증기금 등을 통한 대출

➡ 리스·할부 금융: 장비나 설비 구매 시 금융기관을 통한 자금 조달

➡ 팩터링: 매출채권을 금융기관에 매각하여 조기 자금화

## ④ 요약 포인트

➡ 직접금융: 자본시장 중심, 기업의 성장성·비전 강조, 경영권 분산 가능

➡ 간접금융: 금융기관 중심, 신용과 담보 기반, 경영권 유지 가능

# 5. 자금 조달 방법 및 전략

## ① 내부자금 활용 전략

➡ 이익잉여금과 유보 현금의 전략적 운용

- 단기 운전자금, 초기 R&D, 시제품 개발 등에 효과적

- 외부 간섭 없이 신속한 집행 가능

➡ 불용자산 매각 및 내부 자산 재구성

- 유휴 부동산, 재고자산 매각을 통한 현금 유입

- 고정자산보다 유동성 확보에 유리한 구조로 전환

➡ 재투자 유도형 사내 문화 구축

- 구성원의 인센티브를 유보금과 연결하여 내부 동기 강화

- 이익 환원보다 기업 가치 성장 중심의 운용

## ② 외부자금 조달 전략

➡ 자본 성격에 맞는 자금 조달 수단 선택

- 초기 기업: 엔젤 투자, AC 투자, TIPS 등

- 성장기 기업: VC 시리즈 A~C, 전략적 투자자

- 성숙기 기업: IPO, PEF, 해외펀드 등

➡ 단기 vs 장기자금의 명확한 분리 운용

- 단기자금: 운전자금, 매출채권 기반 자금 등

- 장기자금: 시설 투자, 신사업 진출 자금 등

➡️ 자금 목적과 조건에 따른 전략 수립

- 자금 목적: 성장, 위기극복, 인수합병 등

- 조건: 상환 여부, 지분 희석 여부, 금리 및 투자자 성격

## ❸ 직접금융 전략(자본시장 접근)

➡️ 주식 및 전환증권 활용 전략

- 신주 발행, 전환사채(CB), 신주인수권부사채(BW)

- 지분 희석과 경영권 방어 간 균형 필요

➡️ IPO 및 기업 가치 극대화 전략

- 프리IPO 투자 유치 → 상장 → 공모 확대

- IR 활동, 주관사 선정, 시장 신뢰 확보 전략 중요

➡️ PEF, VC, 크라우드펀딩 등 다양화 전략

- 기관 투자자와의 관계 구축

- 초기 기업일수록 창업자 비전 중심의 설득 필요

## ❹ 간접금융 전략(금융기관 활용)

➡️ 은행권 자금 활용 전략

- 일반 대출, 시설자금 대출, 기업어음(CP)

- 신용등급, 담보 여력, 재무 구조에 따른 한도 차별

➡️ 정책자금 및 보증 연계 전략

- 중소기업진흥공단(중진공), 신용보증기금(신보), 기술보증기금(기보)

- 금리 우대, 보증 연계로 위험도 분산 가능

➡ 리스·팩터링·매출채권 유동화 전략

- 리스: 설비 투자 시 자산 유동화 가능

- 팩터링: 외상매출채권 조기 현금화로 유동성 확보

## ⑤ 자금 조달 실무 전략

➡ 투자자 맞춤형 자료 준비(IR 자료, 사업계획서 등)

- 재무 계획, 자금 사용 계획, 기업 가치 산정 근거 포함

- 투자자별 관심 키워드 맞춤형 대응 필요

➡ 투자 유치 타이밍과 밸류 전략 조율

- 시장 상황과 기업 성장 타이밍 일치 여부 판단

- 너무 이르거나 늦은 밸류 제시는 리스크

➡ 신뢰 확보 전략(투명성, 정합성, 리더십)

- CEO의 비전, 실천력, 전문성은 투자 판단의 핵심

- 정보 비대칭 해소와 지속적 커뮤니케이션 중요

## ⑥ 복합 전략(혼합형 구조 설계)

➡ 내부자금 + 외부 조달의 유기적 병행

- 내부자금으로 기본 운영-외부 조달로 성장 투자

- 리스크 분산 및 자금 효율 극대화

➡ 직·간접 금융 수단의 동시 운영

- 직접금융(VC 투자)으로 유상증자-접금융(보증 대출)으로 운전자금 확보

- 투자자 신뢰 확보-금융기관 신용도 상승 효과

➡️ 스케일업 단계별 시나리오형 자금 계획

   - 시리즈 투자—성장 모멘텀—정책자금 연계

   - 시나리오별 로드맵 구축으로 외부 설득력 강화

## ❼ 은행권 여신 조달 방법

➡️ 일반 기업 운영자금 대출

➡️ 시설자금(기계, 공장, 설비 등 장기투자용)

➡️ 담보 대출(부동산, 매출채권, 예금 등 제공)

➡️ 신용 대출(신용등급 기준, 담보 없이 차입)

➡️ 정책자금 연계 대출(신보, 기보 보증 연계)

## ❽ 은행권 여신 조달 전략

➡️ 금리 조건 비교 및 협상: 고정 vs 변동금리, 복수 은행 제안서 확보

➡️ 담보와 보증 활용 최적화: 담보율 산정과 보증 기관 연계로 리스크 분산

➡️ 신용도 관리: 신용등급 향상을 위한 재무 개선 및 신용평가 대비

➡️ 대출 만기 포트폴리오 조정: 단기·중기·장기 혼합 전략으로 유동성 유지

➡️ 정부 지원/정책금융 연계: 기술보증기금·신용보증기금, 산업은행 등 연계 우선 활용

## ❾ 채권 조달 방법

회사가 불특정 다수의 투자자에게 채권을 발행하여 자금을 조달하는

직접금융 방식입니다. 일정한 이자(표면이자)를 지급하고 만기 시 원금을
상환합니다.

- ▶ 일반회사채(일반사채, 보통사채)
- ▶ 전환사채(CB): 주식 전환 옵션 포함
- ▶ 신주인수권부사채(BW): 주식 매입 권리 포함
- ▶ 무보증사채 vs 담보부사채
- ▶ 공모(다수 투자자 대상 공개 발행) vs 사모(소수 투자자 대상 비공개 발행)

## ⑩ 채권 조달 전략

- ▶ 신용등급 확보: 공모채 발행 시 필수 요소, 등급 상향을 위한 재무건전성 확보
- ▶ 발행 구조 최적화: 이자율, 만기, 상환 조건(조기 상환, 풋/콜옵션 등) 설계
- ▶ 투자자 타기팅 전략: 기관 투자자, 보험사, 연기금 등 대상별 유치 전략 차별화
- ▶ 금리 환경 분석: 금리 사이클에 따라 발행 시점 조절
- ▶ 리스크 분산 구조 설계: 분산 만기 구조, 수의상환 등으로 유연성 확보

## ⑪ 기업어음(CP) 조달 방법

기업이 단기자금 조달을 목적으로 발행하는 무담보 약속어음입니다.
보통 만기는 30일~270일 이내이며, 유동성 확보에 활용됩니다.

- ▶ CP 발행 등록(예: 한국예탁결제원 등록 등)
- ▶ 주관 증권사 또는 은행을 통한 매입자 유통

➡ 자체 신용등급으로 시장 수요 확보

➡ 일반 CP vs ABSTB(자산유동화 CP)

## ⑫ 기업어음(CP) 조달 전략

➡ 우량 단기 신용등급 확보: A2 이상 등급 필요(A3 이하는 유통 어려움)

➡ 발행 주기와 만기 관리: 단기 순차 발행 또는 롤오버 전략으로 운영

➡ 금리 조건의 시장 비교 분석: 시장 금리보다 높으면 매입자 확보 어려움

➡ 신용 보강 수단 고려: 보증 기관 보증 또는 지급 보증을 통해 신뢰성 확보

➡ CP → 장기채권 전환 고려: 장기 프로젝트 자금에는 부적합, 브리지 역할로 활용

## 6. 자금 조달의 전략적 고려 사항

### ① 조달 원가(이자율, 지분 희석 등)

자금 조달에는 비용이 따릅니다. 이 비용은 자금의 성격(부채 vs 지분)에 따라 다르게 나타납니다.

➡ 부채자금: 주로 이자 비용이 발생하며, 일정한 상환 의무가 있음. 이자율이 높을수록 재무 부담이 커짐. 신용도가 낮은 기업일수록 이자율이 높게 책정.

➡ 지분자금(Equity): 원리금 상환은 없지만, 지분 희석이 발생. 즉, 투자자에게 일정 비율의 지분을 넘김으로써 배당 부담과 의사결정 영향력이 줄어들 수 있음.

➡️ 비가시적 비용: 자금 유치를 위한 법률·컨설팅 비용, 기업 가치 할인, 여러 가지 기회비용 등도 수반.

조달 원가는 단순한 이자율뿐 아니라 장기적인 기업 가치 희석 및 경영권 영향까지 함께 고려되어야 합니다.

## ② 기업 통제권 변화 여부

자금 조달 방식에 따라 기업의 의사결정권, 지배구조에 영향을 줄 수 있습니다.

➡️ 지분 투자 유치 시 경영권에 영향을 주는 대주주가 새로 등장하거나, 기존 경영진의 영향력이 약화될 수 있음. 일부 투자자는 의결권, 이사회 참여권, 상장 전 우선매수권, Drag-along / Tag-along 권리 등을 요구할 수 있음.
➡️ 채무자금의 경우 직접적인 통제권 변화는 없지만, 담보 제공, 재무제표 공시, 재무비율 유지 약정 등 간접적 통제가 생기기도 함.

자금 조달은 단순한 유입뿐 아니라 기업 운영의 자율성 유지 여부까지 고려해야 하는 등 전문가의 의견 청취가 필수입니다.

## ③ 신용도 및 재무 상태

기업의 현재 재무건전성은 조달 가능성과 조건에 결정적인 영향을 미칩니다.

➡ 재무 구조가 건전할수록 낮은 이자율, 유리한 조건으로 대출 가능. 투자자 입장에서 기업 신뢰도도 높음.

➡ 부채비율이 높거나 손실 누적 시 차입 한도 축소, 금리 인상, 보증 필요 등 불리한 조건이 붙을 수 있음.

➡ 기업 신용등급(Credit Rating)은 회사채 발행이나 대규모 금융 유치 시 핵심 평가 지표.

자금 조달 전후의 재무 구조 개선 전략도 함께 수립해야 할 이슈입니다.

## ❹ 조달의 속도와 실행 가능성

사업 기회는 타이밍이 중요하기 때문에 언제, 얼마나 빠르게 조달 가능한지기 전략의 핵심이 됩니다.

➡ 빠른 조달 가능성: 은행 대출, 기존 투자자 후속 투자 등은 절차가 단순하고 속도가 빠름.

➡ 시간 소요가 큰 방식: VC 유치, IPO, 공모채 발행 등은 평균 3~12개월 이상이 소요될 수 있으며, 법률·회계 실사 등 복잡한 절차가 필요.

➡ 준비 수준: IR 자료 보유, 내부 회계 시스템 구축 여부 등에 따라 실행 속도가 달라짐.

상황에 따라 단기·중기·장기자금 계획을 분리해 수립하는 것이 바람직합니다.

## ⑤ 리스크 관리 방안

자금 조달 자체가 리스크가 될 수 있으며, 이후의 운영 리스크와도 밀접히 연관됩니다.

- 이자율 상승 리스크: 변동금리 차입 시 금리 변동에 따른 부담이 증가.
- 상환 리스크: 현금흐름이 악화되면 채무 불이행 가능성이 증가.
- 환율 리스크: 외화 차입 시 환율 변동에 따른 손실 가능성이 있음.
- 투자자 간 충돌 리스크: 복수의 투자자 간 이해관계 충돌로 인한 경영 혼선도 때에 따라 중요한 쟁점이 되기도 함.
- 정보공개 리스크: 자금 유치 과정에서 내부 정보 노출로 경쟁사에게 전략 유출 가능성도 염두.

## ⑥ 자금 조달의 최종 목적

기업 자금 조달의 일반적인 목적은 기업의 지속적인 성장과 경영 활동에 필요한 자원을 확보하는 것입니다. 자금은 기업의 '혈액'과 같아서, 이것이 원활해야 기업이 생존하고 발전할 수 있습니다.

### 기업 자금 조달의 주요 목적

기업이 외부 또는 내부에서 자금을 조달하는 가장 대표적인 목적은 크게 두 가지 유형의 자금을 확보하는 것입니다.

➡️ 시설자금 확보(장기적 투자): 기업의 장기적인 성장과 경쟁력 강화를 위해 사용되는 자금입니다.

- 신규 투자 및 사업 확장: 새로운 공장 건설, 기계 및 설비 구입, 새로운 지점 설립, 대형 프로젝트 투자 등

- 연구 및 개발(R&D): 신제품 개발, 기술 혁신, 특허 확보 등을 위한 자금 투입

- 인수합병(M&A): 다른 기업을 인수하거나 합병하여 시장 점유율을 높이거나 새로운 사업 분야로 진출

- 무형자산 확충: 핵심 인력 확보, 시스템 구축 등

➡️ 운전자금 확보(단기적 운영): 기업의 일상적인 영업 활동을 원활하게 유지하기 위해 사용되는 자금입니다.

- 원자재 및 상품 구매: 제품 생산에 필요한 재료나 판매할 상품을 구입하는 비용

- 인건비 및 판관비: 직원 급여, 임차료, 마케팅 비용, 기타 관리 비용 등 경상비 지출

- 현금 흐름 개선: 매출 대금이 회수되기 전까지 발생하는 지출(매출채권 발생)을 충당하여 현금 부족 현상(흑자 도산)을 방지

- 부채 상환: 기존에 빌렸던 대출이나 사채의 만기가 돌아왔을 때 상환하기 위한 자금 마련

### 추가적인 목적

위의 두 가지 핵심 목적 외에도 자금 조달은 다음과 같은 전략적 목적을 가질 수 있습니다.

➡️ 재무 구조 개선: 부채 상환을 위한 자본 조달(유상증자 등)을 통해 기업의 채 비

율을 낮추고 재무 건전성을 확보합니다.

- 경영권 방어 및 안정화: 특정 투자자(전략적 투자자)에게 지분을 매각하여 경영권 방어에 필요한 우호 지분을 확보하거나, 사업적 시너지를 창출합니다.

- 위험 관리 및 유동성 확보: 예상치 못한 경제 위기나 사업상 어려움에 대비하여 충분한 현금 보유량을 유지합니다.

## ❼ 자금 조달  가지 핵심 원칙은 무엇인가요?

### 적정 시기 원칙(Timing Principle)

필요 자금을 너무 늦게 확보하면 기회를 놓치고, 너무 이르면 희석 부담이 커질 수 있습니다.

자금 조달은 '필요 직전'보다 '성장 직전'에 설계되어야 합니다.

### 재무 구조 적정성 원칙(Capital Structure Principle)

자산 대비 부채비율, 지분 분산도, 자기자본비율 등 재무건전성을 고려해야 합니다.

지나친 부채 중심 조달은 리스크를 키우며, 지분 희석 조절 실패는 경영권을 위협합니다.

### 목적 명확화 원칙(Clarity of Use Principle)

투자자는 '얼마 필요하냐'보다 '왜 필요한지'를 봅니다. 자금 사용 목적(예: 인력 확보, 마케팅, R&D 등)을 명확히 해야 신뢰를 얻습니다.

### 가치 중심 원칙(Value over Money Principle)

단기자금 확보보다 기업 가치 상승에 기여할 자금이어야 합니다. 금리나 조건만 보는 게 아니라, 자금의 전략적 파트너십 가치까지 고려합니다.

### 투명성 원칙(Transparency Principle)

투자자는 숫자보다 태도와 준비성을 먼저 봅니다. IR 자료, 실적, 계획 등 모든 정보를 정확하고 투명하게 제시해야 합니다.

## 7. 자본 조달(주식 발행)

자본 조달은 기업의 자기자본을 확충하는 방식으로, 부채와는 다른 특징을 가집니다. 자본 조달(Equity Financing)은 기업이 자금을 조달하기 위해 주식을 발행하고, 그 대가로 외부 투자자로부터 자금을 유치하는 방식입니다. 이는 상환 의무가 없는 대신, 투자자에게 지분을 부여하며 기업의 소유권 일부를 넘기는 행위이기도 합니다. 즉, 기업의 자산 규모를 키우는 동시에 자기자본을 늘리는 방식으로 재무 구조를 개선할 수 있습니다.

# ❶ 주식 발행 방식

| 구분 | 설명 |
| --- | --- |
| 유상증자 | 기존 또는 신규 투자자에게 돈을 받고 신주를 발행 |
| 무상증자 | 자본잉여금 등 내부 유보금 활용, 신주를 무상으로 발행 |
| 상장(IPO) | 증권시장에 기업을 등록하고 일반 대중에게 주식을 발행해 자금 확보 |
| 제3자 배정 유상증자 | 특정 투자자(VC, CVC, 전략적 투자자 등)에게 지분을 부여하고 투자 유치 |
| 전환사채(CB) | 채권으로 발행하되 일정 조건 시 주식으로 전환 가능 |
| 신주인수권부사채(BW) | 채권에 일정 수의 주식을 인수할 수 있는 권리 포함 |

# ❷ 주요 투자 유형별 자본 조달 방식

| 투자자 유형 | 주요 특징 및 자금 성격 |
| --- | --- |
| VC(벤처캐피털) | 기술성, 성장성 중심 투자 / 엑시트 목적 명확(IPO, M&A 등) |
| PEF(사모펀드) | 구조조정, 경영 개선 등 중대형 투자 / 경영 참여 가능성 높음 |
| CVC(기업형 VC) | 전략적 제휴 목적 투자 / B2B 연계나 기술 내재화 목표 |
| 엔젤 투자자 | 초기 자금 / 창업자 비전과 인맥 기반 투자 |
| 일반 공모(IPO) | 다수 투자자 대상 / 상장 기업으로 신뢰도 제고 |

## ❸ 자본 조달의 장단점

| 장점 | 단점 |
| --- | --- |
| 상환 의무 없음<br>재무 구조 개선(부채비율 하락)<br>대규모 자금 유치 가능 | 지분 희석<br>경영권 위협 가능<br>외부 감시 및 간섭 증가<br>IR·공시 부담<br>지분 유출에 따른 장기적 통제권 약화 가능성<br>절차 복잡<br>기업 가치 평가 필요<br>투자자 Exit 전략 필요 |

## ❹ 자본 조달 전략

**기업 가치(Value)의 정확한 산정: 투자 유치 전 Pre-money Valuation 설계**

성공적인 자금 조달의 첫걸음은 기업의 가치(Valuation)를 객관적이고 정확하게 산정하는 것입니다. 특히 투자 유치 전 기업 가치(Pre-money Valuation)를 설계하는 것은 매우 중요합니다. 이는 투자자가 투입할 자금 대비 얼마의 지분을 가져갈지 결정하는 기준이 되기 때문입니다. 기업 가치를 과대 또는 과소평가하지 않고, 시장 상황, 성장 잠재력, 재무 성과 등을 종합적으로 고려하여 투자자들에게 설득력 있는 가치를 제시하는 것이 필수적입니다.

**IR 자료의 체계적 준비: Pitch Deck, 사업계획서, 향후 성장 전략 제시**

투자자의 관심을 끌고 신뢰를 얻기 위해서는 IR(Investor Relations) 자료를 체계적으로 준비해야 합니다. 핵심 자료인 Pitch Deck과 사업계획서는 기업의 비전, 핵심 기술, 시장 분석, 경쟁 우위, 재무 계획 등을 명확하게 담아내야 합니다. 특히 투자자들이 가장 중요하게 생각하는 향후 성장 전략을 구체적이고 현실적인 데이터와 함께 제시함으로써, 투자 결정에 대한 확신을 심어 주어야 합니다.

## 투자자 타깃 설정: VC vs 전략적 투자자(CVC) vs 공모 등 목적별 접근

자금의 성격과 투자 목적에 따라 적합한 투자자 타깃을 설정하는 전략이 필요합니다.

➡ 벤처캐피털(VC)은 일반적으로 높은 성장 잠재력을 보고 재무적 이익을 목적으로 투자합니다.

➡ 전략적 투자자(CVC, Corporate Venture Capital)는 재무적 이익뿐만 아니라 사업적 시너지(기술 제휴, 시장 확대 등)를 추구합니다.

➡ 공모(IPO)는 대규모 자금을 조달하고 기업 인지도를 높이는 최종 목표가 될 수 있습니다.

자금 조달 목적(단순 자금 확보, 기술 제휴, 경영 전문성 확보 등)에 맞춰 VC, CVC, 공모 등 투자자 유형을 선별하고, 각 유형에 맞는 맞춤형으로 접근해야 합니다.

## 지분 희석률 관리: 1~2차 라운드 대비 희석 모델 시뮬레이션 필수

자본 조달 과정에서 창업자 및 기존 주주의 지분 희석은 불가피합니다. 그러나 지배권을 위협받지 않도록 지분 희석률을 체계적으로 관리하는 것이 핵심입니다. 특히 1차, 2차 라운드를 거치면서 발생하는 지분 변화를 예측하기 위해 희석 모델 시뮬레이션을 필수적으로 수행해야 합니다. 이를 통해 미래의 자금 조달 계획에 따른 지배구조의 안정성을 미리 확보해야 합니다.

**Exit 전략 설정: 투자자의 회수 방법(IPO, M&A, 풋옵션 등) 명확화**

투자자는 결국 투자 원금 이상의 수익을 회수하는 것이 목적이므로, 명확한 Exit(투자 회수) 전략을 설정하여 제시해야 합니다. 주요 회수 방법으로는 기업공개(IPO), 다른 기업에 의한 인수 및 합병(M&A), 또는 특정 조건 충족 시 주식을 되팔 수 있는 권리인 풋옵션(Put Option) 행사 등이 있습니다. 투자 유치 시점에 회수 시점과 방법, 예상 수익률 등을 명확히 약속하여 투자 매력도를 높여야 합니다.

**지배구조 설계: 주주 간 계약(SHA), 이사회 구성, 우선주 구조 검토 등**

자금 조달 이후의 안정적인 경영을 위해 지배구조를 정교하게 설계해야 합니다. 이를 위해 주주 간 계약(Shareholders' Agreement, SHA)을 통해 창업자의 경영권 보호, 투자자의 권리 범위 등을 명확히 규정합니다. 또한, 투자 유치 규모에 맞춰 이사회 구성을 조정하고, 투자자에게 경영 참여가 아닌 재무적 권리를 부여하는 우선주 구조를 신중하게 검토하여 설계해야 합니다.

**예시: 유상증자를 통한 시리즈 A 투자 유치**

- 발행 주식 수: 20,000주(보통주)
- 발행가액: 주당 50,000원
- 조달 총액: 10억 원
- 투자자: 벤처캐피털 A, B
- 희석률: 기존 지분 대비 약 16.7%

➡️ **투자 조건**: 보통주 + SHA(우선매수권, 동반매도요청권 포함)

## ❺ 자본 조달 시장의 주요 구분

### 직접금융 시장(Direct Financing Market)

기업이 자본시장 참여자들로부터 직접 자금을 조달하는 구조로, 금융 중계 기관 없이 투자자와 자금 수요자가 직접 연결됩니다.

| 구분 | 내용 | 특징 | 주요 수단 |
|---|---|---|---|
| 공모시장 | 불특정 다수로부터 자금 모집 | 정보 공시·투명성 요구, 규제 강함 | IPO(상장), 공모채 |
| 사모시장 | 특정 소수 투자자 대상 자금 유치 | 유연한 조건, 비공개 계약 | 사모펀드, CB, BW, 사모 전환사채 |
| 벤처 투자시장 | 스타트업·비상장 기업 대상 | VC, AC, PEF 등 참여 | 지분 투자, SAFE, RCPS |

### 간접금융 시장(Indirect Financing Market)

금융기관(은행, 저축은행 등)을 통해 자금을 조달하는 방식입니다.

금융기관이 자금의 흐름을 중개하며, 채무성 자금 조달이 중심입니다.

| 구분 | 내용 | 특징 | 주요 수단 |
|---|---|---|---|
| 은행금융 | 기업이 금융기관으로부터 차입 | 이자 부담, 상환 의무 있음 | 운전자금 대출, 시설자금 대출 |
| 제2금융권 | 캐피털, 저축은행 등 | 유연한 조건이나 고금리 가능성 | 리스, 할부, 매출채권 유동화 |
| 보증 연계 대출 | 신보·기보·지역신보 보증 기반 | 보증 기관의 신용 보완 | 보증서부 대출, 기술보증, 신용보증 |

**정책·공공자금 시장(Policy Financing Market)**

정부나 공공기관 주도의 자금 공급으로, 산업 육성 및 경제 정책 목표 실현 목적이 강합니다.

| 구분 | 내용 | 특징 | 주요 기관 |
| --- | --- | --- | --- |
| 정책금융기관 | 중진공, 기보, 신보, 산업은행, 수은 등 | 목적성 강함, 금리·조건 우대 | 창업자금, 사업전환자금 |
| 모태펀드 기반 투자 | 정부가 펀드의 LP로 참여 | 민간 VC/PE 연계 펀드 운용 | 한국벤처투자, 성장금융 등 |
| 지역/테마펀드 | 지역 균형 발전, 환경, 여성 등 특화 | 정책 목표 달성 중심 | 지자체펀드, ESG펀드 등 |

**기타 시장**

정규 금융시장 밖에서 이루어지는 조달 방식입니다.

| 구분 | 내용 | 특징 | 예시 |
| --- | --- | --- | --- |
| 크라우드펀딩 | 온라인 기반 소액 다수 투자 | 일정 한도 내 규제 완화 | 크라우디, 와디즈 |
| 친족·지인 투자 | 비공식 네트워크 자금 | 초기 스타트업에서 흔함 | FFF (친구·가족·바보) |
| 사모채, 메자닌 | 구조화된 채권성 조달 | 조건 협의 가능, 위험·보상 혼재 | CB, BW, RCPS 등 |
| AC(액셀러레이터) | 초기 스타트업의 성장을 가속화하기 위해 단기간(보통 3~6개월)에 집중적인 보육(육성) 프로그램 | 초기 단계 소액 투자, 투자 외적 지원 | 프라이머, 스파크랩, 블루포인트파트너스, 빅뱅엔젤스, 삼성 C-Lab Outside, 현대자동차 제로원 |

**<시장 구분 요약>**

| 시장 구분 | 주요 플레이어 | 조달 유형 | 장점 | 단점 |
|---|---|---|---|---|
| 직접금융 | 투자자, VC, 증권사 | 지분·채권 | 대규모 자금 가능, 신뢰 구축 | 정보 공개 부담, 지분 희석 |
| 간접금융 | 은행, 캐피털 | 채무성 자금 | 빠른 조달, 구조 간단 | 이자 부담, 담보 요구 |
| 정책금융 | 정부기관, 공공펀드 | 지분·채무 혼합 | 금리/보증 우대, 창업 초기 지원 | 절차 복잡, 시간 소요 |
| 사모시장 | FI, SI, PEF 등 | 조건별 맞춤형 | 유연성, 전략적 연계 가능 | 투자자 협상력 우위 시 불리 |
| 크라우드·비제도권 | 플랫폼, 개인 | 소액·다수 | 진입장벽 낮음, 초기 스타트업에 유리 | 대규모 자금엔 한계 |

## ❻ 자본 조달 프로세스

### 개요

본 장은 기업이 필요 자금을 확보하기 위한 전반적인 자본 조달 전략 수립과 실행 흐름을 안내하는 장입니다.

자금의 목적 정의부터 방식 결정, 투자자 탐색, 협상, 실행 및 사후 관리까지 자금 조달의 총론적 개념과 단계별 전략을 제시합니다.

### 자금 조달 목적 정의

▶ 자금의 사용 목적을 명확히 설정

- 성장을 위한 투자금인지, 운영 안정성을 위한 자금인지 구분

- 자금 소요 규모, 필요 시점, 사용 기간 등 수치로 정리

- 자금 사용처에 따른 우선순위 설정

- 제품 개발, 마케팅, 인재 확보, 채무 상환, 설비 투자 등

➡ 외부 설득을 위한 자금 필요성의 논리 구조 확보

- 투자자 또는 금융기관이 납득할 수 있는 당위성 명확화

## 조달 방식 및 전략 수립

➡ 지분 조달(Equity)과 부채 조달(Debt) 방식 구분 및 조합

- 유상증자, 전환우선주, CB, BW, VC/PE 투자

- 금융기관 대출, 보증자금, 정책자금, 회사채, 리스 등

➡ 조달 목적·기업 단계·재무 구조에 따른 적정 비중 설계

➡ 기업 가치(Valuation) 산정 및 투자 타이밍 전략

- DCF, 유사 회사 비교, 매출 배수 등 적절한 방식 선택

- 프리밸류/포스트밸류 기준 설정 및 IR 논리 정립

➡ 투자자 설득을 위한 핵심 메시지 및 IR 스토리 구성

- 자금 사용 목적 → 기대 성과 → 시장 성장성 → 실행력 중심 구조

- IR Deck, Pitch Deck, Executive Summary 자료 완비

## 투자자 및 자금원 탐색

➡ 투자자 대상군 구성 및 접근 전략 수립

- 개인 엔젤, AC, VC, SI, PEF, 정책펀드 등

- 각 투자자별 투자 단계, 규모, 관심 분야 분석

➡ 정책자금, 보증 기관, 금융 지원 제도 확인 및 매칭

- 신용보증기금, 기술보증기금, 중진공, 지역신보 등

➡️ 접촉 채널 및 피칭 전략 설계

- Demo Day, 정기 IR 행사, VC 미팅, 지인 네트워크 활용

- 5분 피칭 → 핵심 메시지 중심 구성

➡️ 전략 및 준비 단계(Strategy & Preparation)

-자금 조달 목표 설정

- 기업 가치 산정(Valuation)

- 조달 전략 수립

- IR 자료 준비

➡️ 투자자 접촉 및 협상 단계(Outreach & Negotiation)

- 투자자 목록 작성 및 접촉

- Pitching 및 질의응답

- 주요 조건 합의

➡️ 실사 단계(Due Diligence, DD)

- 재무 실사(Financial DD)

- 법률 실사(Legal DD)

- 사업 실사(Business DD)

- 리스크 확인 및 조정


## 투자 유치 실행 및 계약 협상

➡️ 투자제안서 및 IR 자료 전달

- 사업 개요, 시장 분석, 경쟁력, 수익 모델, 자금 사용 계획, Exit 전략 포함

➡️ 실사(Due Diligence) 대응

- 재무, 세무, 회계, 법무, 지재권, 계약 서류 등 전방위 점검

- 사전 클린업(Pre-DD)으로 리스크 최소화

➡️ 조건 협상 및 계약 체결

  - 투자 금액, 지분율, 의결권, 우선주 조건, 전환권, 상환권

  - 투자계약서(SSA), 주주 간 계약(SHA), 정관 변경 등 완료


**자금 납입 및 사후 관리**

➡️ 자금 납입 일정 관리 및 계획 대비 집행

  - 납입 후 자금 집행 계획에 따라 월간·분기별 사용 내역 점검

➡️ 성과 측정 및 투자자 보고 체계 수립

  - KPI 달성률, 실행 현황, 리스크 발생 시 신속한 보고

➡️ 투자자와의 커뮤니케이션 및 신뢰 관계 구축

  - 경영 현황 브리핑, 주요 의사결정 공유, 주주총회 대응 등


➡️ 후속 투자 유치 또는 Exit 전략 연계

  - Series B~C, 전략적 M&A, IPO 등 중장기적 자본 계획과 연계

  - 기존 투자자의 회수 구조와 성장 시나리오를 일치시켜 제시


## ⑦ 주식 발행 프로세스

**개요**

본 장은 기업이 외부 투자자(VC, PEF, 엔젤 등)로부터 자금을 유치하고자 할 때, 실무자가 단계별로 준비하고 검토해야 할 핵심 체크 항목을 총망라한 실행형 도구입니다.

IR 자료 준비, 실사 대응, 계약 협상, 등기, 사후 보고까지 포함된 전체 투자 유치 실행 워크플로우입니다.

## 발행 목적 및 전략 수립 단계

| | |
|---|---|
| **목표 및 자금 계획** | 조달 목표 금액, 발행 목적(성장, 운영자금 등), 자금 사용처 및 단계별 집행 계획을 수치화 확정 |
| **발행 조건 설계** | 발행가액 및 총 발행 주식 수 산정<br>주식 종류(보통주, RCPS, 컨버터블노트 등) 결정 |
| **경영 전략 검토** | 지분 희석률, 경영권 영향, 향후 투자 전략과 정합성을 충분히 시뮬레이션하고 분석 |
| **투자자 맞춤 전략** | 투자자 유형(엔젤, AC, VC, SI, PEF 등)별 성향에 맞춰 발행 방식과 주식 조건(보호 조항, 회수 구조)을 설계 |

## 의사결정 및 배정 단계

| | |
|---|---|
| **정관 및 의결 요건 검토** | 정관 내 신주 발행 관련 조항을 확인하고, 이사회 또는 주주총회 특별 결의 요건 충족 여부를 확인 |
| **발행 결정 및 조건 의결** | 발행가액, 수량, 일정, 인수 방식 등 주요 조건을 명확히 하여 발행 결의 |
| **인수 방식 결정** | 주주 배정(기존 주주 우선), 제3자 배정(특정 투자자 지정), 또는 일반 공모 중 적합한 방식 확정 |
| **발행 공고/통지** | 신주 발행 공고 또는 주주/투자자에 대한 통지 절차의 적법성 검토 및 이행 |

## 투자자 협상 및 계약 체결 단계

| | |
|---|---|
| **실사(Due Diligence) 대응** | 실사 준비 및 주요 리스크 사전 정비(법률, 재무, 기술 리스크 등) |
| **가치 산정 및 협상** | 기업 가치 산정 기준에 대한 설명 전략 마련 및 투자자 협상<br>과도하거나 낮은 밸류로 인한 후속 라운드 장애 리스크 점검 |

| 계약서 협상(SHA, SSA) | SHA(주주 간 계약) 및 SSA(주식 매매 계약) 상의 핵심 조항(전환권, 상환권, 우선배당, 의결권, Exit 조건) 숙지 및 협상 |
| --- | --- |
| 창업자 보호 장치 검토 | Tag-along 제한, ROFR(우선매수권), Anti-dilution(희석 방지), Drag-along 제한, 복수의결권 등 창업자/경영권 보호 조항을 SHA에 삽입 |

## 납입, 완료 및 등기 단계

| 청약 및 주금 납입 | 투자 인수자가 지정 기일 내 청약 및 주금 납입 계좌 개설 후 발행 가액 납입 |
| --- | --- |
| 효력 발생 | 주금 납입 기일 종료 시 신주 발행 효력 발생 |
| 자본금 변경 등기 | 효력 발생일로부터 2주 이내 관할 법원에 자본금 및 총주식 수 증가에 대한 변경 등기 완료<br>절차 지연 또는 미이행으로 인한 법적 무효 위험 점검 |
| 실무 및 세무 처리 | 등기 서류(정관, 납입증명 등) 준비 및 관련 기관 신고, 세무 처리 검토 |
| 주주명부 정리 | 신규 주주 및 주식 수를 반영하여 주주명부 정리 및 최종 확정 |

## 사후 관리 및 Exit 연계 단계

| 사후 보고 및 소통 | 등기 후 자본금 증액 반영 확인, 투자자 대상 성과 보고 및 자금 집행 공유 체계 수립 |
| --- | --- |
| 신뢰 확보 | 투자자 신뢰 확보를 위한 정기적 IR 활동 계획 수립 |
| Exit 전략 연계 | 후속 투자(시리즈 B~C) 또는 IPO 전략과 신주 발행 조건의 정합성 확보, 기존 투자자의 회수 조건과 장기 성장 계획이 충돌하지 않도록 조정 |

# 8. 투자 유치 시 종합 체크리스트

## ① 투자 유치 전략 및 사전 준비

▶ 투자 유치 목적과 자금 사용 계획이 명확한가?

- 성장, 운영자금, 회수 전략 등 목적 구분

- 자금 사용 항목별 규모, 시기, 기대 성과 정리

▶ 목표 투자 규모 및 적정 기업 가치 산정이 완료되었는가?

- Pre/Post Money Valuation 명확화

- 향후 라운드에서의 희석률 시뮬레이션 포함

▶ 투자자 유형 및 유치 전략이 구체화되었는가?

- 엔젤, VC, AC, PEF, SI 등 구분

- 기업 성장 단계별 적합한 투자자군 매칭

▶ Exit 시나리오와 연결된 투자 유치 전략이 마련되었는가?

- IPO, M&A 등 중장기 계획과 자금 유치 구조의 정합성 확보

## ② IR 자료 및 투자자 대응 준비

▶ IR Deck, Pitch Deck, Executive Summary가 완성되었는가?

- 핵심 메시지 중심: 문제 → 해결 → 시장 → 수익 모델 → 팀 → 성과

▶ 투자자 맞춤형 IR 자료가 준비되었는가?

- VC, 전략적 투자자, 정책펀드 등 타깃별 차별화 전략 포함

▶ 재무 자료 및 추정 실적 자료가 완비되었는가?

- 최근 3년 재무제표

- 추정 손익계산서, 자금 계획, 투자 이후 KPI 시나리오

➡️ 사업 성과 및 지표 중심 IR 설계가 되어 있는가?

- 고객 수, 재계약률, CAC, LTV, GMV, MRR 등 포함


## ③ 실사(Due Diligence) 대응 체계

➡️ 기본 서류 정비 여부

- 법인등기부등본, 정관, 주주명부, 납세증명서, 회계 자료 등

➡️ 재무·세무·법무 관련 리스크 사전 점검

- 소송, 지분 분쟁, 미등기 IP, 주요 계약 유무 확인

➡️ 주요 계약 서류 정리 여부

- 고객 계약, NDA, 용역 계약, 지분 계약, IP 보유 계약 등

➡️ 조직 및 인사 자료 준비 여부

- 조직도, 임직원 명단, 스톡옵션 부여 현황 포함

➡️ 지식재산권(IP) 정리 여부

- 등록 특허, 출원 현황, 소유권 귀속 명확화 여부


## ④ 투자 조건 협상 및 계약 체결 준비

➡️ 투자계약서(SSA), 주주 간 계약(SHA) 초안 확보 여부

- Exit 관련 조항, 경영 참여 범위 등 핵심 조건 포함

➡️ 주요 협상 조항 정리 여부

- 전환권, 상환권, 의결권, 우선매수권, Tag-along, Drag-along

▶ 창업자 보호 전략이 설계되어 있는가?

  - 의결권 보호, 희석 방지, 경영권 보호 조항 확인

▶ 계약 체결 후 납입 및 등기 일정이 계획되어 있는가?

  - 주금 납입일, 변경등기 일정 포함


## ⑤ 주식 발행 및 법적 절차 수행

▶ 신주 발행 이사회 및 주총 결의 완료 여부

  - 정관 근거 조항 확인 포함

▶ 주식 발행 공고 또는 통지, 납입 절차 준비 여부

  - 주금 납입 전용 계좌 개설 여부 포함

▶ 등기 절차 및 관련 기관 신고 준비 여부

  - 변경등기, 금융감독원 신고, 국세청 지분 신고 등

▶ 세무 및 회계 반영 확인

  - 자본금 변경, 발행가액 반영 여부 포함


## ⑥ 사후 관리 및 후속 투자 연계

▶ 자금 집행 및 성과관리 체계 수립

  - 자금 사용 내역 → KPI 달성률 → 월/분기 보고 구조

▶ 투자자 커뮤니케이션 계획 수립

  - 정기보고서, 이사회 참여, 투자자 자문 기능 등 포함

▶ 후속 투자 또는 IPO 전략과의 연계 여부

  - 밸류에이션 연속성, 희석 구조 유지, Exit 일치 여부

## 7  창업자 보호 및 핵심 인력 유지

**▶ 창업자 지분 및 의결권 보호 장치 설계 여부**

- 복수 의결권, 의결권 보장, 신주우선배정권 등

**▶ 핵심 인력에 대한 보상 체계 및 스톡옵션 계획 수립**

- 유효한 스톡옵션 계약서, 성과연동형 보상 체계 포함

**▶ 경영권 분쟁 방지 장치 마련 여부**

- SHA 내 대표이사 해임, 이사회 구성 등 조건 설정

# Chapter 2

# 벤처투자시장 이해

# 1. 벤처투자시장 개요

## ❶ 벤처 투자의 개념과 필요성

➡ 벤처 투자는 기술·혁신 기반의 고성장 기업에 자금을 투자하여 수익을 창출하는 고위험·고수익 투자 방식

➡ 정부·민간이 함께 창업 생태계를 육성하는 수단으로 활용되며, 스타트업의 성장 단계에서 필수적인 자금 공급 경로

## ❷ 일반 투자와 벤처 투자의 차이

➡ 일반 투자는 담보나 자산 기반의 안정성을 중시

➡ 벤처 투자는 미래 가능성과 성장성에 투자

➡ 금융기관 대비 높은 리스크를 감수하며 높은 수익률을 기대

## ❸ 기술·혁신 중심 자금 공급 구조

➡ 자산 기반이 부족한 스타트업에게 기술력, 팀 구성, 시장 잠재력 중심으로 투자 결정

➡ 플랫폼, AI, 바이오, 하드웨어 등 첨단 분야에 집중 투자

# 2. 벤처 투자 생태계와 구조

## ① 투자 주체별 역할

▶ 공공 부문: 모태펀드, 창업진흥원, 지자체 등 정책자금 공급

▶ 민간 부문: VC, AC, CVC, 엔젤 등 자율 투자 수행

▶ 중간 지원 기관: 팁스 운영사, 창조경제혁신센터 등 발굴·연계 역할 수행

## ② 선순환 구조

### 업력별 중소·창업기업 생존율 (단위:%)

| 업 력 | 기술기반 중소·창업기업 | 비기술기반 중소·창업기업 | 전 체 |
|---|---|---|---|
| 1년차 | 75.8 | 73.1 | 73.5 |
| 2년차 | 63.6 | 60.7 | 61.2 |
| 3년차 | 50.9 | 45.6 | 46.4 |
| 4년차 | 43.5 | 38.4 | 39.2 |
| 5년차 | 39.4 | 33.9 | 34.8 |
| 6년차 | 34.2 | 28.4 | 29.3 |
| 7년차 | 30.2 | 24.4 | 25.3 |
| 8년차 | 26.7 | 20.8 | 21.7 |
| 9년차 | 21.5 | 16.5 | 17.3 |
| 10년차 | 20.0 | 15.1 | 15.8 |

〈자료:창업진흥원〉

▶ 창업 → 시드 투자 → 시리즈 투자 → IPO/M&A → 재투자

▶ 회수된 자금이 다시 초기 투자로 재유입되는 구조

## ③ 정부 연계형 생태계

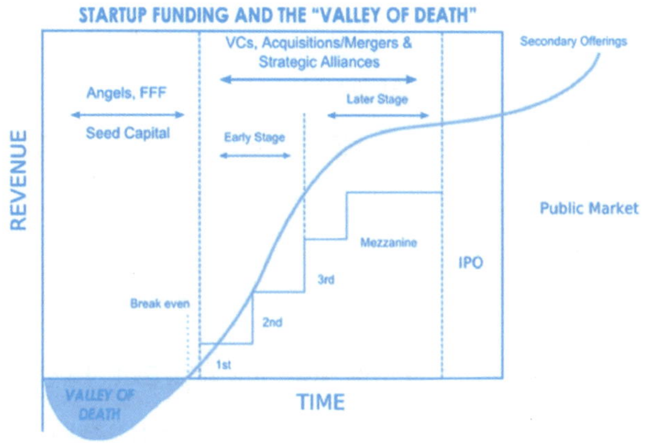



스타트업의 J-curve(출처: How to escape from the start-up 'valley of death', AptoNova Ltd)

▶ 팁스(TIPS), 창업도약패키지, 글로벌창업사관학교 등

▶ 민간 투자 유치 시 정부 자금 매칭으로 성장 견인


## 3. 투자 단계별 특징과 전략

## ① 단계별 분류

▶ 엔젤 → 프리시드 → 시드 → 시리즈 A~C → 프리IPO

▶ 기업의 성장 단계에 따라 투자자와 투자 목적, 구조가 달라짐

## ② 단계별 투자 포인트



### 초기

▶ 창업자 역량, 팀 구성, 아이템의 참신성

▶ 초기 단계(Pre-Seed~Series A)는 개인·액셀러레이터·초기 VC 중심의 소규모 지분 투자로 리스크가 크지만, 수익률 잠재력이 높음

### 중·후기

▶ 시장 검증, 제품 완성도, 수익 모델, 실적, 고객 확보, Exit 가능성

▶ 기관 투자자와 해외자본 유입이 늘며, 메자닌(전환사채, 신주인수권부사채 등) 활용이 증가

<성장 단계별 시리즈 투자 특징 비교>

| 단계 | 기업 단계 특징 | 투자 목적 | 주요 투자자 | 투자 규모<br>(평균) | 투자 방식<br>(증권 형태) | Exit 전략 |
|---|---|---|---|---|---|---|
| Pre-Seed | - 아이디어 단계 법인 설립 직전 또는 직후<br>- MVP(최소 기능 제품) 개발 전 | - 창업 준비금<br>- 초기 R&D 자금 확보 | 창업자, 가족·친구(FFF), 엔젤 투자자, 초기 정부 지원(창업 지원금) | 수천만~1억 원 이하 | 보통주, 전환사채(CB), SAFE(-Simple Agreement for Future Equity) | 시제품 완성 후 Seed 투자 유치 |
| Seed | - 시제품(MVP) 완성<br>- 초기 고객 확보, BM 검증 단계 | - 제품 개발 완료 시장 적합성(Product-Market Fit) 확보 | 엔젤, 초기 VC, 액셀러레이터, 크라우드펀딩 | 1억~5억 원 규모 | 보통주, 상환전환우선주(RCPS), 전환사채(CB) | Series A 투자 유치, 일부 지분 매각 가능 |
| Series A - | - 본격적 사업화 초기<br>-고객·매출 일부 발생<br>- 시장 진입 단계 | - 제품·서비스 상용화<br>- 핵심 인력 채용, 마케팅 강화 | 전문 VC, CVC, 정책펀드, 해외 Seed 펀드 | 5억~50억 원 | RCPS, 우선주, CB, 상환우선주 등 | Series B 유치, 초기 M&A 가능 |

| | | | | | | |
|---|---|---|---|---|---|---|
| Series B | - 매출 성장 가속화<br>- 비즈니스 모델 안정화<br>- 국내 시장 확장 | - 대규모 마케팅<br>- 조직 확장, 인프라 구축 | 대형 VC, CVC, 전략적 투자자(SI), PE 일부 | 50억~200억 원 | RCPS, 우선주, CB, 상환우선주, 메자닌 | Series C 유치 또는 M&A, IPO 준비 |
| Series C | - 안정적 매출 흐름<br>- 해외 시장 진출 시도<br>- 경쟁사 대비 시장 점유율 확대 | - 글로벌 확장<br>- 신사업·제품 라인업 확대 | 대형 VC, PEF, 전략적 투자자, 해외펀드 | 200억~500억 원 이상 | RCPS, CB, BW(신주인수권부사채) 등 | M&A, Pre-IPO, 대형 전략적 투자 유치 |
| Series D~E | - 시장 지배력 확보<br>- IPO 가시권 진입<br>- 일부 투자자 Exit 시작 | - 기업 가치 극대화<br>- 상장 전 재무구조 개선 | 대형 글로벌 VC, PEF, CVC, IB(투자은행) | 500억~수천억 원 | RCPS, CB, BW, 상환우선주, 교환사채(EB) | Pre-IPO, IPO, 일부 지분 블록딜 매각 |
| Pre-IPO(Bridge Round) | - 상장 직전 단계<br>- 회계 투명성·지배구조 정비<br>- 기업공개 준비 완료 | - IPO 비용 충당<br>- 마지막 기업 가치 상승 라운드 | PEF, 대형 IB, 기관 투자자, 대기업 SI | 수백억~수천억 원 | RCPS, 교환사채(EB), 상장조건부 전환사채 | IPO(코스닥, 코스피, 해외 상장) |

## ③ 밸류에이션 기준

▶ 초기: 미래 성장성과 희망 가치 기준(예: DCF, VC법)

▶ 후기: 매출·이익 중심의 실적 기반 평가(예: PER, EV/EBITDA)

## 4. 주요 투자자 유형과 관점

## ① 엔젤 투자자

▶ 초기 단계에서 개인 자산을 활용한 투자자

▶ 네트워크, 조언, 인큐베이팅 기능 수행

## ② 엑셀러레이터(AC)

- 투자 + 보육 프로그램을 함께 제공
- Demo Day 등을 통한 후속 투자 연결 가능

## ③ 벤처캐피털(VC)

- 기관 중심의 자금 운용, 고성장·스케일업 가능 기업 선호
- 수익성과 Exit 전략을 중심으로 투자 판단

## ④ 기업형 벤처캐피털(CVC)

- 모회사와의 시너지 창출, 전략적 목적 중심
- 기술 확보, R&D 제휴, M&A 연계 목적

## ⑤ 공공 및 정책기관

- 민간자금 유입이 어려운 구간에 공공자금을 투입
- 모태펀드, 성장사다리펀드 등

## ⑥ 투자자별 판단 기준 비교

- 엔젤: 창업자 비전과 아이템
- AC: 보육 가능성과 Demo Day 파급력

- ➡ VC: 매출 성장과 회수 전략

- ➡ CVC: 전략적 시너지

- ➡ 공공: 산업 육성과 사회적 파급효과


## 5. 엔젤과 액셀러레이터 비교

### ① 투자 구조

- ➡ 엔젤: 개인 단위 투자

- ➡ AC: 기관화된 투자 + 보육 + 프로그램 기반


### ② 회수 목적

- ➡ 엔젤: 지분 취득을 통한 투자수익, 후속 투자유치시 회수 추구

- ➡ AC: 후속 VC 투자와 정부 매칭을 통한 회수 전략 명확


### ③ 기업 관여도

- ➡ 엔젤: 비공식 자문 중심

- ➡ AC: 입주 공간, 멘토링, 홍보 등 전방위 관여

<엔젤 투자자와 액셀러레이터 비교>

| 구분 | 엔젤 투자자<br>(Angel Investor) | 액셀러레이터<br>(Accelerator) |
| --- | --- | --- |
| 정의 | 개인이 자신의 자금을 활용해 초기 스타트업에 투자하는 투자자 | 스타트업을 집중 육성하기 위해 투자 + 교육 + 멘토링 프로그램을 제공하는 조직 |
| 자금 출처 | 개인 자산 또는 개인 네트워크 자금 | 펀드 조성(정부·민간 출자), 법인 자산 |
| 투자 시점 | 창업 초기 (Seed, Pre-Seed 단계) | 주로 초기(Seed)~Pre-A 단계 |
| 투자 규모 | 보통 5천만~5억 원 수준 (소규모, 다양) | 보통 5천만~2억 원 투자(주로 소액 다건) + 프로그램 제공 |
| 투자 방식 | 지분 투자(보통주, 상환전환우선주 등) 또는 전환사채(CB) 형태 | 지분 투자 + 인큐베이팅/ 가속화 프로그램 결합 |
| 지원 범위 | 창업자와 1:1 멘토링 | 체계적인 지원 |
| 사업 경험, 인맥 연결, 초기 운영 자금 제공 | 교육, 법률·회계 지원 등 | 전반적인 지원 |
| 관여 정도 | 비교적 낮음 (주로 자문, 인맥 소개 중심) | 매우 높음 (교육·보육·사업 개발 참여) |
| 투자 결정 속도 | 빠름(개인 의사결정) | 비교적 느림 (심사 및 내부 프로세스 거침) |
| 수익 목표 | 고위험·고수익 추구, 3~5년 내 Exit 기대 | 성장 가능한 기업을 육성해 중장기 Exit 수익 추구 |
| 회수 전략 | IPO, M&A, 후속 투자 단계에서 지분 매각 | IPO, M&A, 대형 VC 후속 투자 유치 후 Exit |
| 주요 장점 | 빠른 의사결정, 창업자와의 밀착 멘토링, 초기 생존 자금 제공 | 종합적인 사업화 지원, 네트워크 확대, 후속 투자 가능성 높음 |
| 주요 한계 | 자금 규모 한정, 개인 역량 편차 큼 | 프로그램 기간이 제한적, 대규모 투자금 확보는 어려움 |

# 6. 팁스(TIPS) 투자 프로그램

팁스(TIPS, Tech Incubator Program for Startup)는 민간 투자사가 선(先)투자한 우수 스타트업에 정부가 연구개발(R&D) 자금을 매칭하여 공동으로 지원하는 민관협력형 기술 창업 지원 프로그램입니다. 중소벤처기업부가 주관하며, 유망한 기술 기반 스타트업의 성장과 글로벌 진출을 목표로 합니다.

## ❶ 팁스(TIPS) 개요

▶ 구조 개요

- 민간 투자 유치 → 정부 R&D 매칭 → 사업화 + 글로벌 진출 지원

- VC 또는 AC가 운영사로 참여

▶ 연계형 성장 모델

- R&D → 시장 검증 → 후속 투자 → 해외 진출 → Exit

- 팁스 운영사는 투자와 보육의 허브

▶ 특징

- 민간과 정부의 연계 투자

- 졸업 기업의 성장성과 글로벌 진출 실적이 높음

▶ 운영 주체: 중소벤처기업부

▶ 운영 방식: 민간투자주도형 + 정부 R&D 자금 매칭

▶ 시행 기관: 한국엔젤투자협회, 창업진흥원 등

▶ 운영 기간: 최초 2년 + 연장 가능

## ❷ 팁스 투자 구조 및 매칭 방식

### 민간 투자 유치 요건

  TIPS 운영사(파트너 VC·엔젤 등)로부터 1~2억 원 이상 선투자를 유치해야 하는 조건입니다. 반드시 운영사(파트너사)를 통해 추천을 받아야 신청 가능합니다.

### 정부 지원 매칭 규모

➡ R&D 자금: 최대 5억 원

➡ 창업 사업화 자금: 최대 1억 원

➡ 해외 마케팅 자금: 최대 1억 원

### 전체 자금 구조 예시

➡ 민간 선투자 1억 원

➡ 정부 R&D 지원 5억 원

➡ 창업 사업화 및 마케팅 자금 추가 2억 원

➡ 총 8억 원 이상 자금 레버리지 효과 가능

## ❸ 팁스 프로그램 선정 절차

➡ 팁스 운영사로부터 투자 확정 및 추천

➡ 팁스 공식 신청 접수(창업진흥원 등)

➡ 기술성·사업성 평가(서면·발표평가)

➡ 최종 선정 후 협약 체결 및 자금 집행

## ④ 팁스 운영사(파트너사)

➡ 벤처캐피털(VC), 액셀러레이터(AC), 엔젤 투자자, 대기업 계열 투자사 등

➡ 총 100여 개 이상의 공식 등록 운영사가 있음

➡ 주요 운영사 예시: 카카오벤처스, 본엔젤스, 스파크랩, 퓨처플레이, 한국투자
파트너스, 현대기술투자 등

## ⑤ 팁스 프로그램의 장점

➡ 민간 투자 기반으로 실력 검증 후 정부 R&D 자금 확보

➡ 정부지원금 중 대부분은 비환급 형태의 지원금

➡ 기술사업화, 글로벌 진출, 후속 투자 등 다양한 연계 지원

➡ 팁스 운영사의 네트워크 및 컨설팅 제공

## ⑥ 유의 사항 및 한계점

➡ 팁스 운영사의 투자를 먼저 유치해야 하므로 진입장벽 존재

➡ 팁스 추천사 풀 내에서의 경쟁이 매우 치열함

➡ 선정 후에도 사업 관리·정산 등 복잡한 절차 필요

➡ 기술 기반 창업이 아닌 경우 선정 가능성 낮음

## ⑦ 후속 프로그램 연계

➡ 팁스 선정 이후에는 아래와 같은 프로그램과 자연스럽게 연계될 수 있음

➡ 팁스 R&D 후속 R&D(Post-TIPS): 추가 기술 고도화 지원

➡ 팁스 글로벌 프로그램: 해외 진출 집중 지원

➡ Pre-TIPS, TIPS-Bridge: 초기 단계 지원 또는 사전 육성

➡ 모태펀드 후속 투자 연계 등


## 7. 벤처투자시장 특징과 트렌드

### ① 구조적 특징

**정부 의존도 높고, 회수시장이 제한적**

한국 벤처투자시장은 정부 주도의 초기 정책 지원과 재정 출자 비중이 매우 높은 구조를 갖고 있습니다. 이는 시장 활성화 초기에는 긍정적 기여를 했지만, 장기적으로는 민간 주도 성장의 한계와 시장 왜곡 가능성을 동반합니다.

모태펀드와 정책펀드가 전체 벤처펀드 자금의 30~50% 이상을 차지할 정도로 영향력이 큰 편인데, 초기 기업 중심 지원으로 창업 생태계 활성화에는 긍정적이나, 민간 자율성과 투자 다양성 부족 문제가 지적되고 있습니다.

회수시장(Exit market)은 여전히 협소하며, 특히 M&A 비중이 작고 IPO 중심인 구조로 투자 회수 지연 문제가 발생하고 있습니다.

국내 벤처 투자의 Exit 경로 중 M&A는 전체 회수의 약 10~15% 수준이라서 미국이나 유럽의 M&A 중심 회수 모델과 비교해 회수 경로가 제한적이며, 상장 실패 시 회수 위험이 급격히 증가하는 구조입니다.

결과적으로 정부 주도 투자는 시장을 키우는 역할은 하지만, 투자 효율성이나 자율적 혁신 구조 측면에서는 민간 중심의 벤처 생태계와 비교해 유연성이 부족한 편입니다.



한국의 벤처펀드 생태계는 여전히 민간 VC보다 정책기관 주도의 출자·운용 비중이 크며, 운영 방식도 정책 기조에 종속되는 경향이 있습니다. 그렇기에 정책 목적형 펀드(예: 청년창업, 여성 기업, 지역균형, AI·그린뉴딜 등)의 출자 조건에 따라 펀드 성격과 투자 대상이 제한적입니다.

민간 투자자의 수익 중심 투자 성향과 달리, 정책펀드는 고위험 분야(소셜벤처, R&D 초기 기업 등)에 대한 공공적 성격의 투자를 수행합니다. 이러한 구조는 초기 생태계 구축에는 효과적이나, 시장 친화적 자율성·속도·수익성 측면에서 제약이 발생합니다.

또한, 정책펀드는 다음과 같은 특성이 있습니다.

- 출자 조건이 복잡하고 행정 절차가 많음 → 기동성 낮고 심사 속도 느림
- 펀드 운용사의 성과보다 정책 목표 달성 여부가 중심이 되므로 유연한 투자 전략 운용이 어려움
- 민간 LP 출자를 유도할 유인이 약해 민간자본 유입률이 낮음

결론적으로, 한국의 벤처투자시장은 여전히 '정부 주도, 민간 보조' 구도가 강하고, 이는 민간 중심의 시장 생태계로 전환되기 위해 해결해야 할 구조적 과제로 남아 있습니다.

## ❷ 제도 변화

**벤처투자촉진법, 모태펀드 구조 개편**

「벤처투자 촉진에 관한 법률」은 기존「중소기업창업 지원법」과「벤처기업육성에 관한 특별조치법」등 흩어져 있던 관련 규정을 통합하여 2020년 8월 전면 시행된 단일 법체계입니다.

그 핵심은 다음과 같습니다.


▶ 창업·벤처기업에 대한 투자 자율성 확대

▶ 벤처투자조합의 유연한 설립과 운용 가능

▶ 사모펀드, 외부자금 활용 허용 등 자금 유입 구조 다변화

▶ 비상장 기업 투자 제한 완화 → 성장가능성 중심 투자 유도


또한 모태펀드 구조 개편은 정부가 출자자로 참여하는 간접 투자 방식에서 보다 시장 친화적인 구조로 재정비된 것을 의미합니다.


▶ 펀드 운용사(GP)의 전문성과 자율성 확대

▶ LP(출자자) 다양화 → 민간 출자자 확대 유도

▶ 계정별 목적형 펀드(예: 청년창업, 지역혁신, 그린뉴딜 등) 다양화

▶ 성과 중심의 펀드 평가 및 환류 체계 강화


**CVC 제도 완화 및 외부자금 운용 허용**

CVC(Corporate Venture Capital)는 대기업이 자체 자금을 운용하여 스타트업에 투자하는 기업형 벤처캐피털입니다. 과거 공정거래법상 지주회사

체제의 대기업은 자회사로 CVC 보유가 금지되었지만, 제도 완화로 다음과 같은 변화가 있었습니다.

- 2021년부터 지주회사의 CVC 보유 가능(조건부 허용)
- 자기자본 20% 이상을 출자금으로 설정해야 하며, 투자 목적 외 사업 금지
- 일정 요건하에 외부자금(제삼자 자금) 유치 및 공동 운용 가능
- 이를 통해 대기업이 기술혁신 스타트업 생태계에 직접 투자자로 참여 가능

이 제도 완화는 개방형 혁신(Open Innovation)을 촉진하고, 대기업-스타트업 간 전략적 협력을 강화하는 계기가 되고 있습니다.

## ③ 최근 트렌드

**ESG, 임팩트 투자 확산**

ESG(Environmental, Social, Governance)를 고려한 지속가능성과 사회 책임 중심의 투자가 벤처 투자 영역에서도 확산 중입니다.

- 환경·사회문제를 해결하면서 수익도 창출하는 임팩트 투자 활성화
- 모태펀드, 정책펀드 등도 ESG 트랙 신설
- 스타트업도 ESG 평가와 공시 요구 증가
- 탄소 저감, 친환경 소재, 소셜벤처, 윤리적 경영 등 핵심 투자 대상 부상
- 단순한 수익 중심 투자에서 사회적 가치 + 재무적 수익 동시 추구로 변화

## 후기 투자 및 블록딜 활성화

과거 초기(Seed, Series A) 중심이었던 투자시장이 최근에는 후기 단계(Series C 이상) 투자로 점차 무게 중심이 이동하고 있습니다.

- ➡️ 유니콘, 프리IPO, 상장 직전 기업에 대한 투자 집중
- ➡️ 대형 펀드 운용사들이 블록딜(지분 대량 인수)을 통해 지분율 확보 및 회수 전략 병행
- ➡️ 경영권 참여 목적이 아닌 재무적 수익 추구형 블록딜 투자 증가

이는 VC의 Exit 전략 다변화 및 고수익 추구 성향 강화와 맞물려 있습니다.

## 딥테크, AI, 반도체 중심의 집중 투자

국가 기술 주권과 산업 전략의 중심인 딥테크(Deep Tech) 영역이 투자 트렌드의 핵심입니다.

- ➡️ AI(생성형 AI, AutoML, MLOps), 반도체(팹리스, 소재, 설계), 양자컴퓨팅, 우주항공, 바이오 신약 개발 등
- ➡️ 초기 기술 리스크는 높지만, 성공 시 독점적 가치 창출 가능성 큼
- ➡️ 정부 주도 전략 기술 분야 선정 → 정책펀드 및 모태펀드 집중 배분
- ➡️ 고난도 기술 기반 스타트업 중심으로 전문 VC, CVC, PE의 집중 투자 증가

# 8. 한국의 벤처 투자 규모 및 변화

## ❶ 투자 규모 추이

### 2021년 사상 최대

2021년은 국내 벤처 투자 역사상 최대 규모의 투자 집행이 이루어진 해로, 약 7조 6천억 원 이상이 투자되며 유례없는 호황기를 기록했습니다. 이는 코로나19로 촉발된 디지털 전환 가속, 유동성 과잉, 글로벌 테크 붐 등이 복합적으로 작용한 결과입니다. 같은 해 유니콘 기업 수가 20개를 넘기며 사상 최고치를 기록했습니다.

### 2022~2023년 투자 위축

2022년 하반기부터 글로벌 금리 인상, 경기 침체 우려, 긴축 재정 기조 등으로 인해 벤처 투자 심리가 급격히 위축되었습니다.

국내 벤처 투자 규모는 약 4조~5조 원대 수준으로 급감, 특히 초기 투자 건수의 감소가 두드러졌습니다.

2023년은 보수적 심사, 딜 소싱 축소, 회수시장 정체로 인해 전년 대비 감소세가 지속되고, 특히 해외 투자자 및 외국계 자본의 위축이 영향을 크게 미쳤습니다.

### 2024년 이후 회복세 기대

정부의 모태펀드 확대 출자, CVC 활성화, TIPS 예산 증액 등 정책적 노력으로 회복 조짐이 보였고, 글로벌 투자자들 역시 딥테크·AI 중심의 성장가능성이 큰 한국 기업에 다시 관심을 보이기 시작했습니다. 상장시

장 분위기 반등과 함께 프리IPO 및 후기 투자 중심으로 점진적 회복세가
예상되었습니다.

## ② 업종별/단계별 변화

### ICT·모빌리티 → 바이오·AI·로봇 중심 전환

과거에는 모바일 플랫폼, 커머스, 모빌리티 분야에 대한 투자가 주를
이뤘으나, 최근에는 딥테크 중심 투자로 빠르게 전환 중입니다.

바이오(신약, 진단, 유전자 치료), AI(생성형 AI, 의료 AI), 로봇(물류, 협동 로봇, 자율주
행) 분야의 기술 상용화 가능성과 글로벌 진출성이 높게 평가되고 있습니
다. 특히 디지털 헬스케어, AI 기반 제조 혁신, 클라우드·데이터 서비스
등은 투자자 선호도가 높습니다.

### 초기 투자 위축, 후기 대형 투자 중심

금리 상승과 회수 불확실성으로 인해 Seed, Pre-A 단계 투자가 눈에
띄게 감소하였으나, 대신 검증된 기업에 대한 후기 단계 투자(Series C~프리
IPO)는 비교적 활발하게 이어졌습니다.

이는 VC들이 리스크 회피와 Exit 가능성 확보에 집중한 결과로 분석됨과
동시에 소수 딜에 자금이 집중되는 '투자 양극화' 현상도 나타났습니다.

## ③ 글로벌 비교

### 미국·중국에 비해 회수시장 제한

미국은 나스닥, 뉴욕증권거래소, 중국은 STAR Market, ChiNext 등

기술 중심 상장시장을 통해 활발한 IPO가 가능한 반면, 한국은 상장 요건이 보수적이고 엄격하며, 기술특례상장 외에는 진입장벽이 높습니다. 이로 인해 벤처캐피털의 회수(Exit) 시점이 늦어지고, 투자 유인력이 상대적으로 약화되는 구조입니다.

### IPO, M&A Exit 경로의 다양성이 부족

미국 VC는 M&A, PE 인수, IPO 등 다양한 회수 옵션을 확보하지만 한국은 대부분 IPO에 집중되어 있습니다.

국내의 M&A 활성화율은 전체 Exit의 10~15% 수준으로 낮고, 이로 인해 투자자 입장에서는 단기 회수 불확실성이 높아 선뜻 대규모 투자에 나서기 어려운 환경입니다.

따라서 회수시장 확대를 위한 M&A 활성화 정책, 글로벌 거래소 협력 확대, 코스닥 제도 개선이 필요한 상황입니다.

## ④ 2025년 벤처 투자 흐름

### 전체 투자 규모 및 회복세

2025년 1분기 벤처 투자액은 2.6조 원으로, 지난해보다 34.0% 증가하며 회복세에 탄력을 받았습니다. 이는 2022년도 1분기(약 3.92조 원)에 이어 역대 두 번째로 높은 분기 실적입니다.

벤처펀드 결성 규모도 3.1조 원으로 전년 대비 20.6% 증가, 민간 출자가 전체의 83.5%를 차지하면서 주도적 역할을 했습니다. 이러한 흐름은 2024년 약 9.5% 반등 이후 이어진 상승세로, 투자 심리가 본격적으로 회복되고 있음을 보여 줍니다.

AI·바이오 분야 스타트업이 주요 투자 대상이 되고 있으며, 전체 26개 100억 원 이상 투자 기업 중 10곳(38%)이 AI 또는 바이오 기반이라는 점이 눈에 띕니다.

창업 3년 이내 초기 스타트업에 대한 투자액은 전년 대비 81.7% 증가, 비교적 높은 성장 기대 분야에 대한 투자 확대로 풀이됩니다. 반면, 화학·소재 분야는 투자 규모가 감소하는 등 업종별로 희비가 엇갈리고 있습니다.

**<2025년 1분기- 투자 흐름>**

| 항목 | 2025년 1분기 수치 | 특징 및 의미 |
|---|---|---|
| 벤처 투자액 | 2.6조 원<br>(전년 대비 +34%) | 2022년 2분기 이후<br>두 번째로 높은 분기 기록 |
| 펀드 결성 규모 | 3.1조 원(전년 대비<br>+20.6%) | 민간 출자가<br>전체의 83.5% 차지 |
| 주요 투자 분야 | AI, 바이오 중심 | 전체 대형 투자사의<br>38% 차지 |
| 초기 기업 투자 증가율 | +81.7% | 창업 3년 이하<br>스타트업에 대한 투자 확대 |
| 가장 활발한 투자자 유형 | 벤처캐피털/ CVC | 약 244개 투자사,<br>가장 많은 투자금 집행 |

## Chapter 3

# 기관별 정책자금 조달

# 1. 신용보증기금

## ① 신용보증기금이란?

신용보증기금(신보, KODIT)은 중소기업과 창업 기업이 금융기관에서 대출을 받을 때 담보가 부족한 경우, 대신 보증을 서 주는 공공기관입니다. 돈이 필요하지만, 담보가 없어 자금 조달이 어려운 기업을 위한 정부 지원 기관으로 신용보증기금은 기업들을 위해 만들어진 기관입니다.

정부가 출자해 만든 정책금융기관으로, '기업 대신 보증을 서 주는 국가대표 보증인'입니다. 은행 입장에서 가장 큰 리스크는 상환 불능, 즉 돈을 떼일 위험이죠.

신보는 기업이 대출받을 때 "그 리스크를 대신 보증하겠다."라고 나서는 구조입니다. 이 덕분에 매년 많은 기업이 신보 덕분에 대출을 받고 성장할 수 있습니다.

## ② 보증 대상 기업은?

| | |
|---|---|
| 보증 대상 기업 | 개인 기업: 영리를 목적으로 사업을 영위하는 기업<br>법인 기업: 영리를 목적으로 사업을 영위하는 법인<br>기업 단체: 중소기업 협동조합법에 의한 중소기업협동조합<br>대기업, 상장 기업은 특정 자금에 한하여 제한적 허용 |
| 보증 대상 업종 | 보증 대상 업종은 업종별 제한 없이 보증 취급이 가능하지만, 도박·사행성 게임, 사치, 향락, 부동산 투기 등을 조장할 우려가 있는 업종에 대해서는 보증을 제한 |

## ❸ 어떤 보증 상품이 있을까?

신보의 보증 상품은 다양하지만, 대표적으로 크게 세 가지로 구분합니다.


### 일반보증

기업이 은행 대출을 받을 때 담보 없이 보증서를 제공합니다.


➡️ 보증비율: 85~90%

➡️ 보증료율: 연 0.5~1.2%

➡️ 보증 기간: 통상 1~5년

➡️ 대상: 담보 부족 기업, 일반 중소기업


### 특례보증

창업 기업, 기술 기업, 재도전 기업 등 대상별로 맞춤 지원합니다.


➡️ 창업기업특례보증(창업 3년 미만 기업)

➡️ 청년창업보증(만 39세 이하 대표자)

➡️ 재도전특례보증(폐업 후 재창업 기업)

➡️ ESG경영특례보증(환경·사회적 가치 실현 기업)

➡️ 소셜벤처보증(사회적 기업, 예비 사회적 기업)

➡️ 보증비율 95%까지, 보증료 감면율 최대 0.2%p

| 구분 | 내용 |
| --- | --- |
| 대출보증 | 금융기관 대출 시 신용을 보강하여 자금 조달 지원 |
| 제2금융보증 | 저축은행, 보험사 등 제2금융권 대출을 위한 보증 |
| 어음보증 | 기업 간 거래에서 발생하는 어음 지급을 보증 |
| 이행보증 | 계약 의무 이행을 보증하여 신뢰 확보 |
| 지급보증의 보증 | 일정 조건 충족 시 지급을 보장하는 보증 |
| 납세보증 | 세금 납부를 위한 재정적 부담 완화 지원 |
| (전자)상거래 담보보증 | 온라인 거래에서 신용 위험을 줄이기 위한 보증 |

**정책자금 연계보증– 중진공·기보 등 정책자금과 연계된 보증**

예를 들어, 창업 3년 미만 기업은 창업기업특례보증, 매출이 급증한 제조 기업은 '성장지원보증'으로 접근할 수 있습니다. 준비가 잘되어 있는 기업이라면 신용도에 따라 85~95%? 생각보다 높다고 생각합니다. 보증료율은 연 0.5~1.2% 사이가 일반적입니다.

중소벤처기업진흥공단, 기술보증기금, 산업은행 등 다른 정책자금과 연계된 보증.

예: 중진공 융자신청 시 신보 보증서 필수 제출

## ④ 신청 방법과 절차

신보는 온라인과 오프라인 두 경로로 신청 가능합니다. 신청 절차는 다음과 같습니다.

▶ 온라인: 신용보증기금 e-보증 사이트(이 계획을 성공시킬 만한 드림팀인가?"

▶ 오프라인: 가까운 지역 영업점 방문

▶ 신청서 접수 → 서류 심사 → 현장 실사 → 보증심사위원회 → 승인 → 보증서 발급

평균 소요 기간은 약 2~3주에서 3~6주 정도로, 기업의 준비에 따라 차이가 다릅니다.

| 단계 | 설명 |
|---|---|
| 01. 보증 신청 | 기업은 신용보증기금(신보) 공식 홈페이지 신보 ON-Biz를 통해 보증 상담을 신청한다. 이를 통해 보증 가능 여부를 확인하고, 이후 진행할 절차를 안내받는다. |
| 02. 신용보증 상담 | 신보는 기업의 경영 상황과 자금 조달 계획을 파악하고, 보증 신청이 적절한지에 대한 상담을 진행한다. 이 단계에서 필요한 서류 및 신청 절차에 대한 안내가 제공된다. |
| 03. 자료 수집 | 기업은 신용보증 심사를 위해 재무제표, 사업계획서, 부채 현황 등 필수 자료를 제출해야 한다. 신보는 이 자료를 바탕으로 기업의 재무 상태 및 경영 능력을 평가한다. |
| 04. 신용 조사 | 신보는 기업의 신용등급, 거래 내역, 부채비율 등을 분석하여 신용 위험을 평가한다. 대표자의 신용 정보도 함께 검토되며, 과거 채무불이행 기록이 있는 경우 보증 승인에 제한이 있을 수 있다. |
| 05. 보증 심사 | 신보 내부에서 기업의 신용도, 재무 상태, 사업 전망 등을 종합적으로 평가하여 보증 승인 여부를 결정한다. 이 단계에서는 기업의 성장가능성과 대출 상환 능력이 중요한 요소로 고려된다. |
| 06. 보증 결정 및 승인 신청 | 보증 심사를 통과한 기업은 신보로부터 보증 승인을 받게 되며, 이후 보증 약정을 체결하는 절차로 진행된다. |
| 07. 약정 체결 및 보증서 발급 | 기업은 신보와 최종 약정을 체결한 후 보증서를 발급받는다. 이후 이 보증서를 금융기관에 제출하면 대출 실행이 가능해진다. |

## ❺ 신청 전략과 유리한 포인트

신보 심사에서 중요한 건 3C, 즉 ① 신용(Credit), ② 현금흐름(Cash flow), ③ 경영자(CEO)의 신뢰도가 무엇보다 중요한 요소입니다.

➡ 재무제표의 투명성: 매출 누락이나 급격한 손익 변동은 의심 요인

➡ 세금·4대 보험 완납증명서: 기본 신용의 출발점

➡ 사업계획서: 왜 필요한지, 구체적 사용처를 반드시 명시. 단순히 "운영자금이 필요합니다."보다는 "신규 거래처 확대를 위한 원자재 구매자금"으로, "예상 매출은 전년 대비 +30%"처럼, 숫자와 근거를 제시하는 전략이 훨씬 설득력이 높음

## ❻ 이런 경우는 어렵습니다(거절 사례 중심)

### 탈락 3가지 핵심 리스크

➡ 재무 부실: 영업 적자 3년 이상 지속 또는 부채비율 500% 초과 등 지나치게 높은 부채비율을 가진 기업

➡ 신용 리스크: 연체 이력이나 세금 체납 기록 등 대표자 및 기업의 신용에 문제가 있는 경우

➡ 사업 실체 불분명: 사업장 실체가 없거나 매출이 전무한 페이퍼 컴퍼니, 기술력이나 사업 모델을 제대로 설명하지 못하는 경우

### 거절 시 재신청 및 보완 방안

심사에서 거절되더라도 기회를 다시 얻을 수 있습니다.

➡️ 신용보증기금은 일정 기간 후 재신청을 허용

➡️ 거절된 기업이라도 재무 개선(적자 해소/부채비율 조정)+납세 완료+추가 서류 보완을 통해 다시 심사를 받아 승인받을 수 있음

## ❼ 지원 프로세스 & 소요 기간

| 단계 | 내용 | 평균 소요 기간 |
|---|---|---|
| 1단계 | 신청서 작성 및 접수 | 1일 |
| 2단계 | 서류 심사 및 기본 평가 | 2~3일 |
| 3단계 | 현장 실사 및 면담 | 3~5일 |
| 4단계 | 보증심사위원회 | 2일 |
| 5단계 | 승인 및 보증서 발급 | 1~2일 |
| 6단계 | 은행 대출 실행 | 1~3일 |

* 전체 약 2~3주, 또는 3~6주 예상(긴급보증은 단축 가능)

## ❽ 지역별 지점 & 문의 방법

전국 주요 도시(서울, 부산, 대구, 광주, 대전 등)에 지점이 있으며, 홈페이지에서 지역별 연락처를 바로 확인할 수 있습니다.

신용보증기금 대표 전화번호(고객센터): 1588-6565

## ❾ 실전 팁 & 체크리스트

➡️ 사업계획서는 5P로 정리: Purpose, Plan, People, Profit, Proof

➡️ 대표자의 신용 점수는 700점 이상이면 안정권

➡️ 보증서 발급 후 3개월 내 미사용 시 자동 해지

▶ 보증료는 납부 즉시 비용 처리 가능

| 구성 요소 | 주제 | 해설 |
| --- | --- | --- |
| Purpose | - 존재 이유와 문제 정의(Why)<br>- 핵심 내용: 미션, 비전, 우리가 해결하려는 시장의 근본적인 문제(Pain Point)와 기회 | - 왜 이 사업을 해야 하는가? 세상의 어떤 문제를 해결하는가?<br>- 투자자의 공감과 흥미를 유발하는 사업의 근본적인 철학과 시장 기회를 보여 준다. |
| Plan | - 제품/서비스 및 실행 계획(What & How)<br>- 핵심 내용: 제품/서비스의 구체적인 소개, 시장 분석(Market Size), 경쟁 우위(Competitive Advantage), 마케팅 및 영업 전략(GTM Strategy) | - 무엇을 만들 것이며, 어떻게 시장을 장악할 것인가?<br>- 우리 사업의 구조와 성장 경로를 구체적인 데이터와 함께 제시하여 사업의 실행 가능성을 확인한다. |
| People | - 경영진 및 팀 역량(Who)<br>- 핵심 내용: 핵심 인력(창업자/경영진/주요 멤버)의 전문성, 관련 경력, 시너지 효과, 팀 문화 및 인재 확보 계획 | - 이 계획을 성공시킬 만한 드림팀인가?<br>- 결국 사업은 사람이 한다는 관점에서, 팀의 경험과 역량이 제시한 계획을 성공적으로 이끌 수 있는지 평가한다. |
| Profit | - 수익 모델 및 재무 계획(Money)<br>- 핵심 내용: 수익 모델(BM), 가격 책정 전략(Pricing), 핵심 재무 지표(KPIs), 향후 3~5년간의 재무 예측(손익계산서, 현금흐름), 투자금 사용 계획 | - 어떻게 돈을 벌고, 얼마나 성장할 것인가?<br>- 사업의 경제성과 지속가능성을 검토합니다. 투자금 대비 얼마나 큰 수익을 가져다줄지 명확히 해야 한다. |
| Proof | - 현재까지의 성과 및 입증 자료(Results)<br>- 핵심 내용: 현재까지 달성한 주요 성과(매출, 사용자 수, 재방문율/Retention), 획득한 IP/특허, 시장 검증(Traction), 투자 유치 조건 및 리스크 관리 방안 | - 실제로 약속한 성과를 보여 주고 있는가? 리스크는 무엇인가?"<br>- 말(계획)이 아닌 숫자로 증명한다. 초기 시장의 반응과 성과 지표를 통해 사업 모델의 성공 가능성을 입증하고, 잠재적 리스크에 대한 이해도를 보여 준다. |

## ⑩ 준비물 리스트

▶ 사업자등록증, 법인등기부등본

▶ 최근 3년 재무제표 및 부가세 신고서

▶ 납세증명서, 4대 보험 완납증명서

▶ 사업계획서, 주요 거래처 계약서 사본

## ⑪ 평가 체계

| 구분 | 주요 항목 | 비중 |
| --- | --- | --- |
| 정량 평가 | 재무비율, 매출성장률, 부채비율, 이자보상배율 등 | 약 60% |
| 정성 평가 | 경영자 역량, 기술력, 시장성, 경영 의지 등 | 약 40% |

특히 심사관은 '3C'(Credit, Cash flow, Character)를 가장 중요하게 봅니다. 즉, 신용, 현금흐름, 그리고 경영자의 신뢰도입니다.

대표자가 얼마나 책임감 있고, 기업을 성장시킬 준비가 되어 있느냐가 관건입니다.

## ⑫ 신보의 투자형 / 지분 연계 지원

신보는 최근 몇 년간 보증 기관에서 '투자형 정책금융기관'으로 진화하고 있습니다. 단순 보증만으로는 성장 단계 스타트업의 자금 수요를 충족하기 어렵기 때문입니다.

➡️ 목적: 성장 잠재력이 큰 혁신 스타트업에 자금을 공급하여 기업의 성장 속도에 맞는 지원을 제공하고, 혁신 생태계를 조성하는 데 목적을 가집니다.

➡️ 주요 형태: 보증과 투자를 결합한 형태가 주를 이루며, 보증 연계 투자나 지분 인수 조건부 보증 등 다양한 방식으로 지원이 확대되고 있습니다.

### 투자형 상품 유형

| 유형 | 설명 | 주요 대상 | 특징 |
|---|---|---|---|
| 지분 투자(Equity Investment) | 신보가 직접 또는 펀드를 통해 기업 지분 일부 취득 | 기술 혁신 기업, 스타트업 | 자본 확충 목적, 회수형 투자 |
| 전환사채(CB)·신주인수권부사채(BW) | 채권 형태로 투자 후 일정 조건 시 주식 전환 | 성장기 기업 | 회수 안정성+성장 잠재력 |
| 보증+투자 복합 상품 | 보증서를 제공하면서 일부 자본을 투자 | 성장기·재도전 기업 | 보증 리스크와 투자 리스크 병행 |
| 신보 연계 펀드 투자 | 신보가 출자한 펀드가 기업에 직접 투자 | 기술 창업 기업, 벤처 | 민간 VC와 공동 투자 형태 |

### 투자형 상품의 장점

➡️ 자본 확충 효과: 부채로 잡히지 않음

➡️ 신용도 개선: 외부 투자 유치에 유리

➡️ 지속성장 기반 확보: R&D·해외 진출 등 장기 프로젝트 자금 가능

### 유의 사항

➡️ 투자 심사는 보증보다 훨씬 엄격(IR·시장성·수익성 중심)

➡ 투자 후 우호적인 경영 참여 가능성 존재(소수 지분 형태)

➡ 회수 기간(Exit)과 투자 계약 조건을 반드시 검토

결론적으로 신용보증기금의 자금 조달 전략은 신용이 곧 자본입니다.

신보의 보증은 단순한 '보증'이 아닙니다. 기업의 신용을 눈에 보이는 자본으로 바꾸는 제도입니다. 자금 조달의 시작이자, 때로는 투자 유치의 발판이며, 당신 기업의 신뢰도를 시장에 증명하는 첫 번째 수단이 됩니다.

"신용은 담보보다 강하다."

## 2. 기술보증기금
### - 기술로 신용을 세우는 기업의 파트너

### ❶ 기술보증기금이란?

기술보증기금(KIBO)은 기술력이 우수하지만 담보가 부족한 기업이 원활하게 자금을 조달할 수 있도록 지원하는 기관입니다. 신용보증기금과 달리, 기술보증기금은 단순한 자금 지원을 넘어 기업의 무형자산인 기술을 평가하여 맞춤형 보증과 컨설팅을 제공하는 것이 특징입니다. 이를 위해 기술성, 시장성, 사업성 등을 종합적으로 분석하여 보증을 지원하며, 기술 기반 기업이 신용을 보강하고 지속적으로 성장할 수 있도록 돕습니다.

기보는 1989년 설립된 기술금융 전문 정책 기관으로, 핵심 기술을 보유했지만, 재무 여력이 부족한 기업에 기술의 가치를 평가해 보증을 제공하는 제도를 운용하고 있습니다.

즉, 기보는 기술을 담보로 세우는 기관입니다. 기업의 자산이 건물이나 토지가 아닌 기술이라면, 그 기술의 잠재 가치를 평가해 신용보증을 대신 제공합니다.

## ❷ 설립 목적과 주요 역할

기보의 설립 목적은 명확합니다.

"기술혁신을 통한 산업 경쟁력 강화와 창업·벤처 생태계 육성."

### 주요 지원 제도 및 역할

- ➡ 기술신용보증(기술 평가 기반 보증 제도 운영)
- ➡ 기술평가서비스(TCB 인증 등)
- ➡ 기술사업화 자금 및 투자 지원
- ➡ 창업 기업·벤처기업 성장 플랫폼 운영
- ➡ 기술 이전 및 사업화 지원: 기술 이전과 관련된 매매, 실시권 허여 등을 통해 사업화를 촉진
- ➡ 탄소 감축 기업 지원: 탄소 배출 감축 기술을 보유한 기업 및 신재생에너지 기업에 대한 금융 지원.

결국, 기보는 기술 기반 기업의 금융-투자-성장 컨설팅을 한 번에 제공하는 기관입니다. 기술보증을 통해 기업의 신용을 보강하고, 담보력이 부족

한 기업도 성장할 수 있도록 돕습니다. 주요 지원 분야는 다음과 같습니다.

| 구분 | 설명 |
| --- | --- |
| 기술보증 | 기술력 있는 기업이 금융기관에서 대출을 받을 때 신용을 보강하여 보증을 제공 |
| 기술 평가 | 기업의 기술력을 객관적으로 평가하여 기술금융 및 투자 유치를 지원 |
| 기술 이전 및 사업화 지원 | 기술 매매, 실시권 허여 등을 통해 기업의 기술 이전 및 사업화를 촉진 |
| 탄소 감축 기업 지원 | 탄소 배출 감축 기술 보유 기업 및 신재생에너지 기업을 대상으로 금융 지원을 제공 |

## ③ 지원 대상과 기본 요건

기보는 기술 보유 여부를 가장 중요하게 평가합니다. 보유 기술의 구체성이 입증되어야 하며, 단순 서비스업은 제한될 수 있습니다.

### 지원 대상 기업

기술보증 대상 기업은 주로 혁신적인 기술을 보유하고 있거나 연구개발(R&D) 활동을 활발히 수행하는 기업으로, 신기술 사업을 영위하는 중소기업 또는 자산 총액 5,000억 원 미만의 기업을 의미하며, 다음과 같은 기업들이 포함됩니다.

- 벤처기업: 창의적인 기술력을 바탕으로 성장가능성이 큰 기업
- 이노비즈 기업: 기술혁신형 중소기업으로 인증받아 높은 기술경쟁력을 갖춘 기업
- 창업 기업 및 R&D 기업: 연구개발을 지속해서 수행하며 신기술을 창출하는 기업

➡️ 우수 기술 보유 기업: 국내외 특허 및 기술력을 갖춘 기업으로 사업성이 인정된 기업

➡️ 기술혁신형 중소·벤처기업

➡️ 기술 창업 기업(창업 7년 이내)

➡️ 기술 평가(TCB) A~C 등급 이상 기업

➡️ 특허, 실용신안, 연구개발실적 보유 기업

➡️ ESG·스마트팩토리·AI 기업 등 첨단산업군

**기본 요건**

➡️ 재무제표 2~3년 치 확보(창업 기업은 예외)

➡️ 세금·4대 보험 체납 없음

➡️ 대표자 신용도 양호

➡️ 기술의 사업화 가능성(매출 전환 가능성)

## ④ 주요 보증 상품과 특징

**일반 기술보증**

기업이 기술을 기반으로 대출을 받을 때 담보 대신 보증서를 발급받는 기본형 상품입니다.

➡️ 보증비율: 최대 95%

➡️ 보증료율: 연 0.5~1.3%

➡️ 보증 한도: 최대 30억 원

➡️ 보증 기간: 통상 5년

기술 기업의 성장 단계별 맞춤 상품입니다.


➡ 창업기업특례보증: 7년 이내 창업 기업 대상

➡ 벤처기업보증: 벤처 확인 기업 대상

➡ 스마트혁신보증: AI, 데이터, 자동화 기업

➡ ESG경영보증: 친환경·사회적 가치 기업

➡ 글로벌진출보증: 수출형 기술 기업 대상


### 기술혁신성장보증

➡ 기술신용평가(TCB) B등급 이상 기업 대상

➡ 기술 가치와 사업성 평가를 통해 대규모 보증 제공

➡ 한도 50억 원, 보증비율 90~95%

➡ 기술 개발·양산자금 중심


### 정책자금 연계보증

중소벤처기업진흥공단, 산업은행, IBK기업은행 등과 협약된 정책자금과 연계된 기술보증 상품입니다.


## ⑤ 기술 평가(TCB 제도


기보의 핵심은 기술신용평가(TCB) 제도입니다. 기술이 곧 담보이므로, 기업의 기술 수준과 사업성을 정량화해야 합니다.

기술보증기금은 기업의 기술력과 사업성을 평가하여 보증 여부를 결정하는 기술보증평가모형(TI6, TI8)을 운영합니다. 이 모형을 통해 기업의 기술성, 시장성, 사업성을 분석하고, 평가 결과에 따라 보증 가능 등급을 부여합니다.

## 보증 가능 등급

① 우수 등급(A~AAA): 기술력과 시장성이 뛰어나며 재무안정성이 높은 기업으로, 보증 승인 가능성이 큼

② 양호 등급(B~BBB): 기술성과 시장성이 양호하며 사업 지속 가능성이 높은 기업으로, 보증이 가능하나 일부 조건이 붙을 수 있음

③ 보통 등급(C~CC): 기술력과 시장성이 있으나 재무안정성이 부족한 기업으로, 보증이 제한적으로 가능

④ 보증 불가능 등급(D 이하): 기술력과 사업성이 낮아 성장가능성이 부족한 기업으로, 보증 지원이 어려움

보증 가능 등급을 받은 기업은 금융기관에서 대출 보증을 받을 수 있으며, 등급이 높을수록 더 유리한 조건으로 자금을 조달할 수 있다.

## 평가 항목

➡ 기술성(독창성, 진입장벽, 핵심 기술 수준)

➡ 사업성(시장성, 매출 전환 가능성, 경쟁력)

➡ 경영 역량(CEO의 기술 이해, 조직 구성, 재무투명성)

## 활용 효과

➡ 기술 금융 지원 대상 선정

➡ 민간 투자 유치(IR) 시 기술 등급 활용

➡ 정부 R&D·TIPS·스마트공장 지원 시 가점


## ❻ 신청 절차 및 소요 기간

### 신청 경로

기술보증기금 홈페이지 → 보증 신청 → 지역본부 또는 테크노파크 내 기술보증기금 상담센터 방문


### 신청 단계

➡ 신청서 및 기술 자료 제출

➡ 기술 평가(TCB) 및 사업성 검토

➡ 재무 평가 + 현장 실사

➡ 보증심의위원회

➡ 승인 및 보증서 발급

➡ 은행 대출 실행


### 평균 소요 기간

➡ 일반보증: 약 3주

➡ 기술혁신성장보증: 4~5주

➡ 창업특례보증: 3주 내외

## ⑦ 심사 포인트 - 기보가 보는 핵심   가지

▶ 기술의 차별성: 국내외 시장에 대한 경쟁력 있는 기술인가?

▶ 사업화 가능성: 매출로 연결될 만한 구체적이고 명확한 계획이 있는가?

▶ 대표의 실행력: 기술을 경영으로 연결할 확고한 리더십이 있는가?

보증 심사는 기술 자료보다 '대표의 설명력'에서 승패가 갈리는 경우가 많습니다. 기술을 어떻게 시장으로 끌고 나갈지, 경영자의 언어로 말할 수 있어야 합니다.

## ⑧ 투자형 상품 — 기술 기업 전용 성장금융

기보는 단순 보증 기관을 넘어 투자형 기술금융기관으로 진화 중입니다.

### 주요 투자 상품

| 유형 | 내용 | 특징 |
|---|---|---|
| KIBO 벤처투자펀드 | 기보가 출자자로 참여, 운용사가 투자 집행 | 창업·벤처기업 중심 |
| 기보 직접 투자 | 기술 이전 기업, 딥테크 기업에 직접 출자 | 지분 5~10% 확보, 회수형 |
| 전환사채(CB)·신주인수권부사채(BW) | 기술 기업의 성장 단계별 자본 보완 | 회수 안정성+지분 전환 가능 |
| 보증+투자 복합 상품 | 보증 후 성장 성과 평가 시 지분 투자 병행 | 기술성·시장성 동시 검증 구조 |

## 투자 심사 기준

- TCB 등급 B 이상
- 특허·기술 실적·R&D 역량
- 향후 3년 매출 추정치 기반 회수 시나리오
- 투자자 Exit 구조(IPO, M&A 등) 명시

## 유의 사항

- 투자 후 경영 참여 가능성 존재
- 기술 평가 결과에 따라 투자 규모 조정
- IR 자료·재무추정표의 정확성이 매우 중요

## ⑨ 거절 사례와 대응 전략

### 대표적 거절 사유

- 기술의 실체 부족(문서상 특허, 실제 미활용)
- 시장 진입 전략 부재
- 재무적 부실(연속 적자, 부채비율 500% 이상)
- 대표자의 신용불량

### 대응 전략

- 기술보증이 어려울 때, 신보의 일반보증 또는 중진공 직접 대출로 우회적 방법의 선택도 가능
- 기술성 보완 자료(특허 등록, 기술실증 보고서 등) 제출로도 도전할 수 있음
- TCB 등급 상향을 위해 재신청(6개월 후 가능)할 수 있음

| 구분 | 기관명 | 연락처 |
|---|---|---|
| 본사 | 기술보증기금 본사(부산) | 1544-1120 |
| 서울 | 서울동부기술금융센터 | 02-2142-7600 |
| 경기 | 수원기술금융센터 | 031-241-6100 |
| 인천 | 인천지점 | 032-440-4800 |
| 대전 | 대전기술금융센터 | 042-480-3800 |

## ⑪  준비 서류 체크리스트

➡ 사업자등록증, 법인등기부등본

➡ 재무제표(최근 2~3년)

➡ 특허증, 기술 자료, 연구개발보고서

➡ 납세증명서, 4대 보험 완납증명서

➡ 사업계획서, 기술개요서

➡ 투자 및 협력 계약서(해당 시)

## ⑫  기보 활용 실전 팁

### 기술이 곧 자산이다

기보는 재무제표보다 기술을 봅니다. 기술 개발 이력과 기술의 확장 가능성을 입증하십시오.

### 사업화 가능성 강조

기술은 있는데 팔리지 않는다는 말은 통하지 않습니다. 매출로 이어질 시나리오를 반드시 제시해야 합니다.

### TCB 등급 관리

등급이 올라가면, 신용등급과 금리까지 연동되어 유리해집니다.

### 보증+투자 복합 활용

초기에는 보증, 성장 단계에서는 투자 상품으로 전환하는 전략이 효과적입니다.

### 기술보증기금의 결론은 '기술이 최고의 담보'

기보의 철학은 "기술이 있는 곳에 신용이 따라간다."

기술보증기금은 단순한 금융기관이 아닌, 기업의 기술을 인정하고, 그 기술이 자본으로 전환되도록 돕는 혁신 파트너입니다. 기술이 곧 자산이고, 신용이 곧 성장의 밑천입니다. 기업이 기술로 신용을 세우는 순간, 자금 조달의 절반은 성공한 것입니다.

### 기술 평가 항목

경영주 역량, 기술성, 시장성, 사업성 등 31개 소항목 평가, 각 소항목에 대하여 A~E 평가합니다.

기술보증기금은 기업의 기술력을 평가할 때 다음 네 가지 항목을 중점적으로 분석합니다.

- ▣ 경영주 역량: 기업 대표자의 경영 경험, 전문성, 리더십, 재무 관리 능력 평가
- ▣ 기술성: 보유 기술의 독창성, 기술 수준, 기술 완성도, 지식재산권(특허 등) 보유 여부 평가
- ▣ 시장성: 제품 및 서비스의 시장 규모, 성장가능성, 경쟁력 평가
- ▣ 사업성: 기업의 수익성, 재무건전성, 지속가능성 등을 평가하여 사업의 안정성을 분석

### 기술 평가 모형

기술보증기금은 기업의 기술력을 객관적으로 평가하기 위해 다양한 기술 평가 모형을 운영하고 있습니다.

### 기술 평가 모형의 종류

대표적으로 TI6, TI8 등의 평가 모형이 있으며, 기업의 기술력과 사업성을 종합적으로 평가하여 보증 한도를 결정합니다.

### 제조업과 비제조업의 차별화된 평가

- ▣ 제조업: 제품 개발 단계, 생산 공정 혁신, 원가 절감 기술 등을 중점 평가
- ▣ 비제조업: 소프트웨어, 서비스업, 콘텐츠 산업의 기술혁신성과 시장성을 평가

# 3. 중소벤처기업진흥공단
## – 정책자금의 심장, 성장의 자본을 만드는 곳

## ❶ 중소벤처기업진흥공단(중진공, KOSME)

중진공은 중소벤처기업부 산하 정책자금 전담 기관으로, 정부가 조성한 자금을 대출, 투자, 보증, 컨설팅 형태로 직접 중소기업에 공급하는 기관입니다.

즉, 신보나 기보가 보증서를 제공하는 역할이라면, 중진공은 일반 금융기관처럼 실제로 현금을 빌려주는 기관입니다. 정책자금의 실행창구이자, 국가가 만든 중소기업 전담 금융 지원 기관으로 운영되고 있습니다.

## ❷ 설립 목적과 역할

중진공의 설립 목적은 단순히 돈을 빌려주는 것이 아닌, 성장·혁신·재도전까지 기업 생애 전주기 지원을 목표로 합니다.

**핵심 역할 5가지**

| 구분 | 주요 내용 |
| --- | --- |
| 정책자금 융자 | 창업, 혁신성장, 재도전, 수출 등 목적별 자금 공급 |
| 자본 확충 지원 | 벤처투자 및 투융자복합금융 |
| 창업 육성 | 청년창업사관학교, 재도전캠프 운영 |
| 스마트/ESG 지원 | 스마트공장, 디지털 전환, Net-Zero 기업 지원 |
| 글로벌 지원 | 수출 마케팅, 해외 진출 프로그램 |

## ❸ 지원 대상 및 기본 요건

| 구분 | 내용 |
| --- | --- |
| 기본 대상 | 중소기업기본법상 중소·벤처기업 |
| 업력 기준 | 창업 7년 이내(창업자금), 7년 초과(혁신·수출형) |
| 제외 업종 | 부동산 임대, 유흥업 등 비생산업종 |
| 필수 조건 | 세금 체납 및 금융 연체 이력 없음 |
| 심사 요소 | 사업 계획 타당성, 재무건전성, 기술력, 정책 기여도 |


## ❹ 주요 자금 지원 상품

중진공의 정책자금은 융자형(loan), 투자형(equity), 복합형(mix)으로 구분됩니다.

### 융자형 자금

| 구분 | 내용 | 금리/기간 | 비고 |
| --- | --- | --- | --- |
| 창업자금 | 창업 7년 이내 기업 대상 | 연 2.5~3.0% / 5~10년 | 최대 10억 |
| 혁신성장자금 | 기술혁신·스마트팩토리 구축 기업 | 연 2.3~2.8% / 7년 | 최대 20억 |
| 재도전자금 | 실패 후 재창업 기업 대상 | 연 2.5% / 5~8년 | 최대 5억 |
| 신성장기반자금 | AI, 그린, 디지털 분야 중심 | 연 2.0~2.5% / 10년 | 최대 30억 |
| 수출기업육성자금 | 수출 비중 10% 이상 기업 | 연 2.3% / 7년 | 최대 15억 |
| 긴급경영안정자금 | 위기 기업 유동성 지원 | 연 2.0% / 3~5년 | 한시적 |

※ 상환 방식: 거치 기간 후 분할 상환(거치 2~3년 일반적)

| 유형 | 내용 | 대상 | 특징 |
|---|---|---|---|
| 투융자복합금융 | 대출+지분 투자 병행 | 기술·혁신 기업 | 성장 단계 자본 지원 |
| 성장촉진자금(투자형) | 투자펀드 형태로 지분 참여 | 벤처·스타트업 | 지분 5~15% 확보 |
| 스마트혁신펀드 | 민간 VC와 공동 투자 | AI, DX 기업 | 성장·회수형 구조 |

# ⑤ 신청 절차 및 소요 시간

## 온라인 신청

➡ 정책자금 온라인 플랫폼: 정책자금.kr

➡ 중소벤처기업진흥공단 홈페이지

## 신청 절차 흐름

➡ 정책자금 포털 회원가입 및 자가 진단

➡ 자금 유형 선택 및 신청서 작성

➡ 지역본부 배정 및 서류 심사

➡ 현장 실사 및 대표자 면담

➡ 융자심사위원회 승인

➡ 대출 실행(중진공 직접 집행 또는 협약 은행)

## 평균 소요 기간

➡ 일반자금: 4~6주

➡️ 창업자금: 5~7주

➡️ 긴급자금: 2주 내외

## ⑥ 자금 심사 기준

| 평가 영역 | 세부 항목 | 주요 포인트 |
| --- | --- | --- |
| 경영 역량 | 대표자 리더십, 경영 계획 | 대표의 신뢰도와 의지 |
| 기술성 | 기술개발 실적, 인증, 특허 | 객관적 근거 자료 필수 |
| 사업성 | 시장성, 수익 구조, 고용 효과 | 매출 증가 근거 제시 |
| 재무건전성 | 부채비율, 이익률, 현금흐름 | 상환 능력 중점 평가 |
| 정책 기여도 | 일자리, ESG, 수출, 지역 균형 | 정부 정책 부합도 |

※ 사업 계획의 현실성 + 상환 가능성 + 정책적 효과가 3대 핵심 평가 지표입니다.

## ⑦ 보증 기관 연계 전략

| 기업 유형 | 연계 보증 기관 | 자금 유형 |
| --- | --- | --- |
| 창업 기업 | 기술보증기금(기보) | 기술평가보증 + 창업자금 |
| 일반 기업 | 신용보증기금(신보) | 일반보증 + 일반자금 |
| 수출 기업 | 신보 수출보증 | 수출자금 |
| 재도전 기업 | 기보 재창업보증 | 재도전자금 |

※ 보증 + 자금 병행 시 승인율 상승 및 집행 속도 단축

## ⑧ 투자형 프로그램

중진공은 정부 정책기금 외에도 직접 투자형 자금을 운용합니다.

| 프로그램 | 내용 | 투자 규모 | 특징 |
| --- | --- | --- | --- |
| KOSME 창업투자 펀드 | 창업·벤처기업 대상 펀드 | 3~20억 | 중진공 출자, 민간 VC 운용 |
| 미래 성장 투자형 자금 | 기술 기업, 제조 혁신 기업 대상 | 5~30억 | 보증 연계 가능 |
| 투융자복합금융 | 융자+지분 투자 동시 지원 | 10~50억 | 성장 단계 자본 공급 중심 |
| 스마트공장 투자형 | 설비·AI·DX 분야 투자 | 5~20억 | 자산형 투자 중심 |

투자형 자금은 단순 금융 거래가 아니라, 파트너십 기반 성장 지원 성격이 강하며, M&A, IPO, VC 라운드와의 연계 가능성도 방법입니다.

## ❾ 간접 대출(이차보전 제도

| 항목 | 내용 |
| --- | --- |
| 대출 유형 | 은행 대출 이자 일부를 정부가 보전 |
| 보전율 | 1~2%p 수준 |
| 기간 | 1~3년(사업별 상이) |
| 특징 | 기업의 이자 부담 완화, 금융 비용 절감 |
| 적합 대상 | 창업 기업, 스마트공장, 친환경 기업, 혁신 기업 등 |
| 장점 | 실질 금리 인하, 자금 운용 안정성 확보 |

## ❿ 지역본부 및 대표 연락처

| 구분 | 지역본부 | 연락처 |
| --- | --- | --- |
| 본사 | 경남 진주시 동진로 430 | 055-751-9000 |
| 서울 | 서울지역본부 | 02-2110-6100 |
| 경기 | 경기서부본부 | 031-202-6500 |
| 인천 | 인천본부 | 032-450-2900 |
| 부산 | 부산본부 | 051-460-1200 |
| 대전 | 대전충청본부 | 042-480-3900 |
| 광주 | 호남본부 | 062-600-1900 |

## ⓫ 실전 준비 체크리스트

➡ 사업자등록증, 법인등기부등본

➡ 최근 3년 재무제표(창업 기업은 매출추정표)

➡ 납세증명서, 4대 보험 완납증명서

➡ 주요 계약서 및 거래처 목록

➡ 사업계획서(정책형 양식 준수)

➡ IR 자료(투융자복합형 신청 시 필수)

➡ 보증서(신보·기보 연계형일 경우)

## ⑫ 현장 실무 팁

### 정책자금은 사전 상담이 매우 중요하다

신청 전에 중진공 지역본부 상담센터에서 적합한 자금 유형을 정확히 진단받는 것이 가장 빠른 지름길입니다.

### 보증 기관과 병행 신청 전략

보증 기관(신보·기보)과 중진공을 동시에 진행하면 심사 기간 단축 + 승인률 상승효과가 있습니다.

### 정책 연도 예산 타이밍 중요

정책자금은 연초(1~3월)와 3분기(7~9월)에 집중 배정됩니다. 상반기 조기 신청이 곧 승인 확률입니다.

### 자금 집행 이후 관리

자금 사용 계획과 실제 집행 내역이 다를 경우, 즉시 환수 조치나 제재할 수 있으므로, 항상 사용 내역 관리를 철저히 해야 합니다.

### 이런 경우는 어려워요

➡ 유흥업, 부동산 임대 등 비생산업종

➡ 허위 사업계획서, 불성실한 현장 응답

➡ 최근 3년 연속 적자, 재무 불건전

➡ 세금 체납 또는 신용불량 기록

➡ 대출금 목적 외 유용 이력 존재 시 향후 전면 제한

특히 중진공은 한 번 신뢰를 잃으면 재승인까지 최소 2년이 걸립니다. 따라서 첫 신청 시 서류의 완성도와 대표자의 진정성이 무엇보다 중요합니다.

결론적으로 중진공은 자금을 넘어, 성장의 파트너로 도움 가능합니다. 중소벤처기업진흥공단은 단순히 돈을 빌려주는 기관이 아닙니다. 당신의 비전을 실현시키는 국가 파트너입니다.

기술이 있다면 기보, 신용이 있다면 신보, 그리고 자금을 넘어 파트너로 활용 가능한 중진공이 있습니다.

자금 조달의 목적은 돈을 넘어 성장입니다. 중진공은 그 성장을 설계하고 실현하게 해 주는, 공공 파트너로 활용이 가능합니다.

## 4. 정부지원자금 통합 전략
### - 보증, 기술, 정책자금을 연결하면 성장의 문이 열린다

### ① 왜 통합 전략이 필요한가?

정부의 자금 지원 제도는 기관마다 목적이 다릅니다. 신용보증기금은 신용을 보완하는 기관이고, 기술보증기금은 기술을 자산으로 전환하는 기관이며, 중소벤처기업진흥공단은 중소기업에게 자금을 직접 실행하는 일종의 정부 지원 금융기관입니다.

문제는 많은 기업이 이 세 곳을 서로 다른 제도로 오해한다는 점입니다. 그러나 실제로는 이 세 기관은 서로 연결되어야 완성되는 하나의 시스템입니다.

한마디로 요약하면, 신보와 기보는 신뢰를 세우고, 중진공은 자금을 흘려보낸다고 인식하는 것이 정확한 답입니다.

따라서 세 기관의 흐름을 이해하고 적시(適時)·적합(適合)·적합도 높은 조합을 설계하는 것이 정책자금 조달의 핵심 전략입니다.

## ② 세 기관의 역할 구조

| 기관명 | 기능 | 자금 유형 | 핵심 키워드 |
|---|---|---|---|
| 신용보증기금(KODIT) | 신용 보완 | 보증형 | 담보 대체, 신용 보강 |
| 기술보증기금(KIBO) | 기술 보완 | 기술보증+투자형 | 기술 가치 평가,<br>혁신금융 |
| 중소벤처기업진흥공단<br>(KOSME) | 자금 실행 | 융자+투자형 | 정책자금, 성장금융 |

※ 즉, 신보와 기보는 보증 기관, 중진공은 자금 집행 기관으로 작동

## ③ 통합 자금 조달의  단계 구조

자금 조달을 단계별로 나누면 다음과 같습니다.

| 단계 | 목표 | 실행 기관 | 결과 |
|---|---|---|---|
| 1단계:<br>신용·기술 신뢰 확보 | 기업 신뢰도,<br>기술 가치 평가 확보 | 신보 or 기보 | 보증서 발급 |
| 2단계:<br>정책자금 실행 | 보증 기반 자금 대출 | 중진공 | 융자 or<br>복합금융 실행 |
| 3단계:<br>성장 단계 투자 유치 | 성장 자본 확보, Exit 준비 | 중진공·<br>기보·VC | 투자 및<br>후속자금 유치 |

※ 정책자금의 본질은 보증을 자본화하는 구조

## ④ 기관별 강점 비교

| 구분 | 신보 | 기보 | 중진공 |
| --- | --- | --- | --- |
| 핵심 목적 | 신용 보강 | 기술 평가 | 정책자금 공급 |
| 지원 방식 | 대출 보증 | 기술보증·투자 | 직접 융자·투자 |
| 강점 | 속도, 범용성 | 기술 중심 평가, 신산업 | 실행력, 금리 혜택 |
| 약점 | 기술 기업 한계 | 비기술 기업 제외 | 절차 복잡, 기간 길음 |
| 추천 대상 | 일반 중소기업 | 기술·R&D기업 | 성장기·확장기 기업 |
| 연계 가능성 | 중진공과 높음 | 중진공, VC와 높음 | 양 기관 보증 병행 가능 |

## ⑤ 전략 ① (신보 → 중진공 조합)

➡️ 적용 대상: 일반 제조·서비스 중소기업

➡️ 목표: 담보 없이 운전자금 확보

➡️ 흐름

- 신보에 보증 신청(보증서 확보, 약 2주 소요)

- 중진공 정책자금 신청 시 신보 보증서 첨부

- 융자 심사 및 대출 실행(4~6주 소요)

➡️ 효과

- 무담보 자금 대출 가능

- 심사 단계 단축(신보 신용평가 결과 활용)

- 이자율 인하(정책 금리 + 보증 연계 감면)

 예시

    - 매출 20억 제조업체 → 신보 2억 보증 확보 → 중진공 5억 융자 실행

## ❻ 전략 ② (기보 → 중진공 조합)

➡ 적용 대상: 기술·혁신형 스타트업, R&D 중심 기업

➡ 목표: 기술을 기반으로 투자형 자금 확보

➡ 흐름

    - 기보 기술 평가(TCB) 진행

    - 기술보증 or 투자형 상품 선택

    - 중진공 혁신성장자금 or 투융자복합금융 신청

➡ 효과

    - 기술 가치 기반 자금 확보(무담보·저금리)

    - 투자·융자 병행 가능

    - 정부 사업(R&D, 스마트팩토리 등) 가점 부여

➡ 예시

    - AI 제조 솔루션 기업 → TCB A등급 → 기보 기술보증 10억 → 중진공 성장

     자금 20억 연계

## ❼ 전략 ③ (신보 + 기보 병행 → 중진공)

➡ 적용 대상: 중견 진입기 또는 고성장 기업

➡ 목표: 보증·기술 평가 모두 확보해 자금 조달 극대화

▶ 흐름

- 신보에서 일반보증으로 신용 확보

- 기보에서 기술보증 또는 평가 등급 확보

- 중진공에 종합자금(투융자형) 신청

▶ 효과

- 복수 기관 평가로 신뢰도 극대화

- 투자 유치 및 대외금융 접근 용이

- 대출 한도 확대 및 조건 완화 가능

▶ 예시

- 기술제조업체 → 신보 5억 + 기보 7억 보증 → 중진공 투융자복합 30억
  확보

## ⑧ 통합 실행 시 유의 사항

### 중복 신청 한도 초과 주의

세 기관의 보증 총한도는 통합 관리되므로, 보증 합계가 총 50억(기업 규모 별 상이)을 초과하면 제한됩니다.

### 기관별 심사 시점 겹치기 방지

동시에 신청하되, 서류 접수일을 1~2주 차이로 분리하면 담당자 간 협업이 원활합니다.

### 심사관 인터뷰 준비

각 기관은 관점이 다릅니다.

▶ 신보: 이 기업이 상환할 수 있을까?

▶ 기보: 이 기술이 돈이 될까?

▶ 중진공: 이 자금이 성장에 기여할까?

세 관점 모두를 고려한 삼중 설득 포인트를 준비해야 합니다.

## ❾ 예산 시기별 타이밍 전략

정책자금은 언제 신청하느냐가 승인율을 좌우합니다.

| 시기 | 특징 | 권장 행동 |
| --- | --- | --- |
| 1~3월(예산 초기) | 연간 예산 배정 시작 | 가장 승인율 높음 |
| 4~6월(1차 소진기) | 경쟁 심화 | 조기 신청 기업 위주 실행 |
| 7~9월(추경 반영기) | 추가 예산 편성 | 미신청 기업 재도전 기회 |
| 10~12월(마감기) | 자금 소진, 절차 지연 | 다음 해 준비용 사전 상담 권장 |

## ❿ 성공적인 자금 조달 로드맵

**1단계: 아이디어 및 창업 초기(Pre-Seed & Seed)**

핵심 전략: 1 단계에서는 팀의 역량과 아이템의 성장 잠재력이 가장 중요합니다. 수익 지표가 미미해도 아이디어를 실행할 수 있는 능력을 보여 주어야 합니다.

| 목적 | 핵심 활동 | 주요 자금 조달원 |
| --- | --- | --- |
| 아이디어 구체화, 시장 검증, 프로토타입 개발, 초기 팀 구성 | 부트스트래핑(Bootstrapping): 자기자본, 개인 저축, 신용카드, 초기 매출 재투자 | 창업자 본인 및 지인(F&F): 가장 빠르고 쉬운 자금원 |
| | 사업계획서 및 IR 자료 준비 | 엔젤 투자자: 개인 자산가가 초기 아이디어 및 팀 역량에 투자 |
| | MVP(최소 기능 제품) 제작 | 액셀러레이터(AC): 투자 및 멘토링 프로그램 연계 |
| | 초기 고객 반응 확인 | 정부 지원 사업/보조금: 창업 사업화 지원(예비/초기 창업 패키지 등) |
| | | 크라우드펀딩: 대중으로부터 소액 투자 유치 |

## 2단계: 사업화 및 초기 성장(Series A)

핵심 전략: PMF(Product-Market Fit)을 증명하고, 투자를 통해 이 모델을 효율적으로 확장할 수 있음을 데이터를 통해 입증해야 합니다.

| 목적 | 핵심 활동 | 주요 자금 조달원 |
| --- | --- | --- |
| 비즈니스 모델(BM) 검증, 매출 창출, 시장 확대 및 스케일업(Scale-up) 준비 | 검증된 BM 기반의 공격적인 시장 진출 | 벤처캐피털(VC): 체계적인 투자 심사를 통해 대규모 자금 투자 |
| | 핵심 성과 지표(KPI) 달성(ex. 월간 반복 매출(MRR) 등) | 신용보증기금/기술보증기금 보증 대출: 기술력/사업성을 바탕으로 정책자금 활용 |
| | 체계적인 재무 모델 구축 | 정책 융자: 중소벤처기업진흥공단 등 정책자금 |
| | 경영진 및 전문 인력 확보 | 전략적 투자자(SI): 협력 가능한 대기업/중견기업의 투자 |

**3단계: 고속 성장 및 안정화(Series B, C 이상)**

핵심 전략: 이 단계의 투자는 수익성과 시장 내 확고한 위치를 바탕으로, 기업 가치를 극대화하고 엑시트(Exit) 가능성을 높이는 데 초점을 맞춰야 합니다.

| 목적 | 핵심 활동 | 주요 자금 조달원 |
|---|---|---|
| 시장 지배력 강화, 국내외 확장, 수익 모델 최적화, 기업 가치 극대화 | 글로벌시장 진출 또는 신규 사업 영역 확장 | 대형 벤처캐피털(VC): 국내외 대규모 펀드 참여 |
| | 수익성 개선 및 안정적인 현금 흐름 확보 | PEF(사모펀드): 기업 가치 상승을 목적으로 하는 투자 |
| | M&A(인수합병) 또는 IPO(기업공개) 준비 | 전략적 투자자(SI): 후속 대규모 투자 |
| | 조직 시스템 및 거버넌스 확립 | IPO(기업공개): 코스닥, 코스피 상장 등 일반 대중에게 주식 발행 |

**성공적인 자금 조달을 위한 공통 고려 사항**

▶ 탄탄한 사업계획서 및 IR 자료

- 문제 정의(Problem) & 해결책(Solution): 고객의 문제를 명확히 하고, 이를 해결하는 독창성을 제시할 수 있어야 합니다.

- 시장 규모(TAM/SAM/SOM): 시장의 크기와 성장 잠재력을 보여 줍니다.

- 경쟁 우위: 경쟁사와 차별화되는 핵심 역량을 강조합니다.

- 재무 추정: 투자를 통해 예상되는 성장 지표(매출, 이익) 및 자금 소진 계획을 현실적으로 제시합니다.

- 팀 역량: 창업팀의 경험, 전문성, 그리고 실행력을 보여 줍니다.

▶ 적절한 투자자 선택

- 단순히 돈을 주는 투자자를 넘어, 사업의 성장에 도움을 줄 수 있는 산업 전문성(Domain Expertise)과 네트워크를 가진 투자자의 선택이 중요합니다.

- 투자자의 트랙 레코드(Track Record)와 투자 철학을 검토하는 것도 중요합니다.

▶ 정부 지원 제도 적극 활용

- 창업 지원 사업: R&D 및 사업화 자금 확보(예: 창업성장기술개발사업, 디딤돌/도약 등)

- 보증 및 융자: 기술보증기금, 신용보증기금, 중소벤처기업진흥공단의 정책 자금을 초기에 잘 활용하여 자금 운용에 맥이 끊기지 않아야 합니다.

▶ 법률/재무 구조 준비

- 투자 유치 전, 지분 구조 및 법적 이슈를 미리 점검하고 정리하여 투자 심사 과정에서 발생할 수 있는 위험을 미리 점검하고 소명해야 합니다.

## ⑪ 기관별 자금 성향

| 구분 | 보증 기관 | 투자 기관 | 직접 자금 기관 | 주요 포인트 |
|---|---|---|---|---|
| 신용보증기금 | ○ | △(출자 펀드) | × | 신용·신뢰 중심 |
| 기술보증기금 | ○ | ○ | × | 기술·혁신 중심 |
| 중진공 | × | ○ | ○ | 성장·확장 중심 |

※ 신보로 신뢰를 세우고, 기보로 기술을 증명하고, 중진공으로 삼중 전략

## ⓬ 실무 예시 – 실제 조달 시뮬레이션

| 단계 | 기관 | 자금 유형 | 금액 | 기간 | 비고 |
|---|---|---|---|---|---|
| 1단계 | 신보 | 일반보증 | 5억 | 3년 | 운전자금 |
| 2단계 | 기보 | 기술보증 | 10억 | 5년 | 설비 및 기술 개발 |
| 3단계 | 중진공 | 혁신성장자금 | 20억 | 10년 | 스마트팩토리 구축 |
| 4단계 | 중진공+VC | 투융자복합금융 | 30억 | 회수형 | IPO 준비 |

※ 종합 조달 금액 65억, 총자본 레버리지 5배 효과

**결론적으로 통합 지원을 위한 기관 연결도 힘이다**

'정책자금은 어렵다', '복잡하다'가 아닌 '연결이 힘이다'가 되는 비법이 있습니다.

세 기관을 함께 보면 시스템입니다. 신보는 신용으로 첫 문을 열고, 기보는 기술로 신용을 확장하며, 중진공은 직접 자금 조달로 성장 발판을 만들어 갈 수 있습니다.

이 세 축을 연결하는 전략으로 자금 조달의 어려움을 넘어 기업의 성장을 이끌 수 있습니다.

# 5. 자금 조달 융합 전략
## - 민간 투자·벤처 투자·정책자금

차입을 넘어 투자 유치로의 자금 운용 전략의 차별화

## ❶ 자금 조달의 진화 - 정책에서 시장으로

    정책자금은 출발에 필요한 매우 유익한 자금입니다. 하지만 기업이 지속적으로 성장하려면, 정부의 지원금만으로는 한계에 도달합니다.

    기업의 성장 환경에 따라, 자금 조달은 정책자금에서 민간 투자로 이어서 IPO를 통한 자본시장으로 이동합니다. 이 과정에서 중요한 것은 보증으로 신뢰를 쌓고, 기술로 가치를 증명하고, 투자로 미래를 열어 점차 확장하는 것입니다.

## ❷ 정책자금과 투자자금의 본질적 차이

    정책자금은 생존을 위한 자금이고, 투자 유치는 성장을 위한 자본으로 활용합니다.

| 구분 | 정책자금 | 투자자금 |
| --- | --- | --- |
| 자금 출처 | 정부, 공공기관 | 벤처캐피털, PEF, CVC, 개인 투자 조합 |
| 자금 형태 | 융자(대출), 일부 투자형 | 지분 투자(Equity), 전환사채(CB), RCPS |
| 상환 의무 | 있음(대출형) | 없음(투자형) |
| 심사 기준 | 신용, 기술, 정책적 기여도 | 성장성, 수익성, Exit 가능성 |
| 목표 | 기업 생존, 산업 육성 | 자본 이익(Return on Equity) |
| 특징 | 안정성, 저금리 | 리스크 높지만 자본 확충 효과 큼 |

## ❸ 투자 생태계의 구조

| 단계 | 투자 유형 | 주요 투자자 | 투자 규모 | 기업 단계 |
|---|---|---|---|---|
| ① Pre-Seed | 개인 엔젤, 액셀러레이터 | 개인, AC | 0.5~2억 | 창업 초기 |
| ② Seed | AC, 마이크로 VC | 팁스, 엔젤 | 2~10억 | 초기 사업화 |
| ③ Series A | VC, 공공펀드 | 벤처캐피털 | 10~30억 | 매출 발생 단계 |
| ④ Series B~C | VC, CVC | 전략 투자자 | 30~100억+ | 성장/확장기 |
| ⑤ Pre-IPO | PEF, IB, 중진공 복합 | 증권사·전문 운용사 | 100억 이상 | 상장 준비기 |

여기서 중요한 것은 우리 기업이 현재 어느 위치에 와 있는가를 파악하는 것입니다. 투자자는 적합한 타이밍의 기업을 찾고 있습니다.

## ❹ 정책자금 + 투자자금의 융합 전략

단계별로 정책자금과 민간 투자를 동시에 엮는 전략이 있습니다.

| 단계 | 정부자금 | 민간 투자 | 결합 효과 |
|---|---|---|---|
| 창업기 | 기보 창업특례보증+중진공 창업자금 | 엔젤 투자, AC | 기술 검증+초기 운영자금 |
| 성장기 | 신보 성장지원보증+중진공 혁신성장자금 | VC, TIPS | 보증 레버리지+성장 투자 병행 |
| 확장기 | 중진공 투융자복합금융 | PEF, CVC | 대규모 자본 조달+IPO 준비 |
| 재도전기 | 기보 재창업보증+중진공 재도전자금 | 재도전펀드 | 신용 회복+투자형 재기 지원 |

정부자금으로 리스크를 낮추고, 민간 투자로 성장을 가속화하는 이중 구조를 만들어 가는 것은 성장으로 가는 특급 전략입니다. 이를 위하여 급해도 절대로 서두르지 말아야 합니다. 성공 전략은 천천히 준비를 제대로 하는 것이 비법입니다.

### ⑤ 투자자가 보는 핵심 포인트

투자자는 숫자가 아닌 스토리와 가능성을 봅니다.

**핵심 판단 기준 5가지(5C Framework)**

➡ Concept: 시장에 대한 독창적 접근이 있는가?

➡ Capability: 팀과 경영자의 실행력이 충분한가?

➡ Cash Flow: 매출·수익의 구조가 지속가능한가?

➡ Competitiveness: 경쟁사 대비 차별화가 명확한가?

➡ Credibility: 신뢰할 만한 데이터와 레퍼런스가 있는가?

여기서 신보·기보·중진공의 승인 이력은 투자자가 기업을 평가할 때 '공공 신뢰 인증서'로써 우호적인 동력으로 작용합니다. 정책자금을 받은 기업은 그렇지 않은 기업에 비해 투자 유치에 유리하다고 볼 수 있습니다. 그러나, 분명한 것은 정책자금 조달과 투자 유치란 분명히 평가 기준이 다르므로 경솔한 것은 절대 금물이라는 점입니다. 투자 유치 평가는 적어도 10배는 더 어렵고 철저한 준비가 선행되어야 합니다. 당연히 투자 유치에 따른 별도의 준비가 필요하다는 것을 명심해야 합니다.

## ⑥ IR(Investor Relations  전략 설계

IR은 단순한 투자설명이 아니라, 기업의 미래를 설득하는 예술입니다.


### IR 구성 7단계(7P)

▶ Problem: 어떤 문제를 해결하나?

▶ Product: 어떤 솔루션으로 접근하나?

▶ People: 누가 이 일을 이끄는가?

▶ Performance: 어떤 실적과 지표가 있는가?

▶ Plan: 자금은 어떻게 사용될 것인가?

▶ Potential: 성장 전망과 시장 확장성은?

▶ Payback: 투자자는 어떻게 수익을 회수할 수 있나?


IR 피칭에서 가장 중요한 것은 명확한 Exit 설계입니다.

"우리 기업은 3년 내 IPO를 목표로 하며, 매출 100억, 순이익 15억, PER 12배 기준으로 기업 가치 약 180억 수준의 Exit을 예상합니다."

당연히 이 정도의 구체적 데이터 근거를 제시해야 투자자의 공감도가 올라가며 긍정적인 관점에서 바라볼 것입니다.

## ⑦ 정부 연계형 투자 프로그램

다음은 정책 기관과 민간 투자를 동시에 연동하는 예입니다.

| 프로그램명 | 주관 | 특징 | 투자 규모 |
|---|---|---|---|
| TIPS(Tech Incubator Program for Startup) | 중소벤처기업부 | 민간 투자 연계 R&D 자금, 7억 한도 | 민간 1억+정부 7억 |
| K-벤처펀드 / 성장펀드 | 한국벤처투자 | 정부 출자+민간 VC 운용 | 5~30억 |
| 투융자복합금융(중진공) | 중진공 | 대출+지분 투자 복합 | 10~50억 |
| 재도전성장펀드 | 모태펀드, 기보, 신보 | 실패 기업 재도전 투자 | 5~20억 |
| 글로벌펀드 | KIC, KOTRA | 해외 시장 진출 연계 | 20억 이상 |

정책형 투자는 '공공 신뢰 기반 + 민간 수익성'이 결합된 모델입니다. 즉, 정부가 초기 리스크를 흡수하고, 민간이 성장 수익을 추구하는 구조입니다.

## ⑧ 자금 조달 스토리 라인 설계

성공적인 자금 조달은 '스토리텔링'이 중요합니다.

### 1단계: WHY

왜 지금, 왜 이 시장인가?

### 2단계: WHAT

무엇을, 어떻게, 누구에게 파는가?

### 3단계: HOW

어떤 방식으로 확장하고 수익화할 것인가?

### 4단계: FUNDING STRUCTURE

정책자금과 투자금의 조합은 어떻게 설계되는가?

### 5단계: EXIT PLAN

투자자는 언제, 어떻게 회수하는가?

이 구조를 따라 IR 자료를 만들면, 투자자 + 정책기관 + 은행 모두를 동시에 설득할 수 있는 만능 피치 덱이 완성됩니다.

## 9 정책자금 - 투자자금으로 넘어가는 타이밍

| 기업 단계 | 적합한 자금 | 핵심 전략 |
| --- | --- | --- |
| 창업기 | 기보/신보 보증+중진공 창업자금 | 정부를 통한 신뢰 확보 |
| 성장기 | 중진공 성장자금+민간 VC Seed | 공공 보증+민간 투자 병행 |
| 확장기 | 투융자복합금융+PEF/CVC | 성장 자본 확보 및 IPO 준비 |
| 성숙기 | IB·증권사 브릿지 투자 | 자본시장 진입(Pre-IPO) |

## ⑩ 실전 자금 조달 시뮬레이션

| 단계 | 자금 유형 | 기관 | 금액 | 구조 |
| --- | --- | --- | --- | --- |
| 1단계 | 기술보증+창업자금 | 기보+중진공 | 10억 | 초기 R&D+<br>생산 기반 구축 |
| 2단계 | 혁신성장보증+VC 투자 | 신보+민간 VC | 20억 | 시장 확장, 영업 조직 구축 |
| 3단계 | 투융자복합금융 | 중진공 | 30억 | 대규모 설비+자본 확충 |
| 4단계 | Pre-IPO 브릿지 투자 | 증권사·PEF | 50억 | 상장 전 성장자금 |

※ 총 자금 조달액 110억, 부채비율 200% 이하 유지

## ⑪ 투자 유치 실패 사례와 교훈

### 비현실적 가치 평가(Valuation)

창업자가 과도하게 높은 기업 가치(Valuation)를 주장하여 투자자와의 기대치 격차를 좁히지 못해 협상이 결렬됩니다.

### 수익성 부재(Profitability)

매출은 있으나 수익 모델이 불명확하거나, 지속 가능한 현금 흐름을 입증하지 못합니다. 단지 '사용자 수'만 내세우는 것은 한계가 있습니다.

### 시장 규모 오판(TAM)

시장 규모가 너무 작거나 틈새시장(Niche Market)에 한정되어 폭발적인 성장이 어렵다고 판단될 때 투자가 망설여집니다.

### 핵심 인력 부족(Key Personnel)

기술력(Tech), 운영(Operations), 영업/마케팅(Sales/Marketing) 등 핵심 분야에 경험이나 전문성이 부족한 팀원만 있거나, 팀 역량의 균형이 맞지 않습니다.

### 집착 또는 고집(Lack of Flexibility)

투자자의 조언이나 시장의 피드백을 무시하고 창업자의 초기 아이디어에만 지나치게 집착하여 사업 모델 변경(Pivot)에 유연하지 못합니다.

### 지분 정리 미비(Cap Table Issue)

창업자 간 지분 배분이 불공평하거나, 초기부터 너무 많은 지분이 외부 투자자나 고문에게 분산되어 경영권이 불안정하거나 다음 투자 라운드의 희석 여력이 부족합니다.

### 준비 부족(Due Diligence Failure)

재무 상태, 법률 문제(IP, 계약서) 등 실사(Due Diligence) 과정에서 숨겨진 부채나 미해결된 법적 이슈가 발견되어 신뢰를 잃습니다.

### 협상 타이밍 오판(Timing)

시장이 급변하는 시점에 투자 유치를 시작하거나, 자금이 바닥나기 직전에 협상에 들어가 매우 불리한 조건을 수락하거나 협상력을 잃습니다.

### 투자자 이해 부족(Investor Fit)

사업 분야에 대한 이해도가 낮거나, 회사의 성장 단계에 맞지 않는 투자자(VC, AC)에게만 접촉하여 시간과 기회를 낭비합니다.

### 핵심 기술 대비 수익 모델 부재 - 돈을 어떻게 벌 것인가에 대한 공식 부재

투자자는 ROI(투자 대비 수익) 계산이 불가하다는 시그널입니다. 아무리 뛰어난 기술이라도, 시장성 있는 단위 경제 (Unit Economics)를 입증하지 못하면 단순한 연구 개발에 머물 뿐입니다. 수익으로 전환될 구체적인 경로가 필요합니다.

### 자금 사용 목적의 모호성

무엇에, 얼마가, 언제 필요한지에 대한 명확한 청사진이 없습니다. 투자금의 사용이 성장(Growth)에 어떻게 기여할 것인지에 대한 논리적 연결 고리가 없으면 자금을 낭비할 것으로 판단됩니다.

### 대표자의 피칭 및 비전 제시 역량 부족 - 리더십 부재

투자자는 제품보다 사람에 무게중심을 둡니다. 대표가 팀을 이끌고 난관을 돌파해 나갈 확신과 에너지, 그리고 소통 능력을 보여 주지 못하면, 투자자는 이 프로젝트의 성공 가능성을 낮게 평가합니다.

### 복잡하거나 불완전한 계약 구조 - 명확하지 못한 법률 및 지배구조

지분, 전환 조건, 의결권 조항 등이 사전에 정리되지 않아 법적 리스크가 높습니다. 이는 다음 투자 라운드를 어렵게 만들거나 향후 분쟁의 소지가 됩니다. 전문가의 도움을 받아 사전에 필수적으로 정리해야 합니다.

투자는 숫자 외에도 가치, 신뢰, 확신이라는 정성적 요소가 예민하게 작동하는 영역입니다. 재무 지표를 넘어, 장기적인 파트너십에 대한 신뢰를 주지 못하면 투자는 성사되기 어렵습니다.

## Chapter 4

# 스타트업 Exit 전략

# 1. 스타트업 Exit 전략의 중요성

## ① Exit의 의미와 필요성

스타트업의 Exit는 창업자, 투자자, 임직원 등이 보유한 지분을 전략적으로 매각하거나, 공모시장을 통해 현금화하는 과정을 의미합니다. 이는 단순한 사업 종료가 아닌, 기업이 한 단계 도약하는 전환점으로, 장기적인 비즈니스 성장과 투자 회수의 중요한 기회로 작용합니다.

| 구분 | 내용 |
| --- | --- |
| 투자 자본 회수 및 극대화 | 벤처캐피털(VC), 사모펀드(PEF) 등의 투자자는 Exit를 통해 투자 수익을 실현하며, 이를 기반으로 새로운 스타트업에 대한 투자 선순환을 조성한다. |
| 기업의 지속적 성장과 확장 | M&A를 통해 대기업의 인프라와 글로벌 네트워크를 활용하거나, IPO를 통해 대규모 자본을 조달하여 차세대 혁신을 가속화할 수 있다. |
| 스타트업 생태계의 활성화 | 성공적인 Exit 사례는 창업 생태계 전반의 신뢰를 높이고, 신규 창업자와 투자자들에게 긍정적인 신호를 제공하여 더욱 역동적인 시장 환경을 조성한다. |

## ② Exit의 주요 목적

Exit은 단순한 기업 매각이 아니라, 지속 가능한 성장 전략을 기반으로 한 전략적 선택이며, 이를 통해 기업과 투자자 모두가 새로운 기회를 창출할 수 있습니다.

## ❸ 초기 사업 계획 단계에서 Exit 전략 수립의 필요성

스타트업이 성장하는 과정에서 Exit 전략이 명확하지 않다면, 기업의 장기적인 비전과 전략적 방향성이 불명확해질 수 있으며, 이는 투자자들에게 리스크 요인으로 작용할 수 있습니다. 반면, 초기 단계부터 체계적인 Exit 전략을 수립하는 기업은 시장성과 투자 매력도를 극대화할 수 있는 기반을 마련할 수 있습니다.

## ❹ Exit 전략을 조기에 수립해야 하는 이유

### 투자자 신뢰 확보 및 자본 유치 용이성 강화

Exit 전략이 명확한 스타트업은 투자자들에게 명확한 수익 실현 경로를 제시할 수 있습니다. 이는 리스크를 완화하고, 투자 의사결정을 가속화하는 요인으로 작용하여 벤처캐피털(VC) 및 사모펀드(PEF) 등 투자 기관의 관심을 끌어낼 수 있습니다. 투자자들은 Exit 가능성을 고려한 수익률(ROI)을 평가하므로, 체계적인 Exit 전략을 보유한 기업은 보다 유리한 투자 조건을 이끌어 낼 수 있습니다.

Series A, B 이후 후속 투자 유치에도 긍정적인 영향을 미치며, 시장에서의 기업 가치 상승을 유도할 수 있습니다.

### 기업 가치 제고 및 수익 모델 정교화

Exit 전략을 고려하는 기업은 단순한 생존을 넘어, 지속적인 성장과 수익성을 극대화할 수 있도록 비즈니스 모델을 정교화할 수 있습니다. M&A, IPO, 세컨더리 마켓(Secondary Sale) 등 다양한 Exit 시나리오를 고려한 비즈니스 모델 구축은 기업의 성장가능성을 높이고, 투자자의 기대 수익률을 높이는 요인으로 작용합니다. 수익 구조가 명확한 기업은 시장에서 더 높은 기업 가치를 인정받을 수 있으며, 이는 투자 유치 과정에서 유리한 협상 포인트가 됩니다.

## 조직 안정성과 핵심 인재 유치 전략 강화

Exit 전략이 명확한 기업은 핵심 인재들이 장기적인 성장가능성을 보고 합류할 수 있도록 조직 운영을 설계할 수 있습니다. Stock Option(주식매수선택권) 및 ESOP(Employee Stock Ownership Plan) 등 인센티브 제도를 체계적으로 운영하여, 주요 인재들이 Exit 이후에도 지속적인 성과 창출에 기여할 수 있도록 합니다. 기업의 비전과 Exit 전략이 명확할수록, 업계 내 유망한 인재들이 합류할 가능성이 높아지고, 이는 기업 성장의 핵심 동력으로 작용합니다.

따라서 Exit 전략을 조기에 수립하는 것은 단순한 투자 회수를 넘어, 기업의 장기적인 가치 극대화와 투자 매력도를 높이는 핵심 요소가 됩니다. 투자자들에게는 명확한 수익 실현 가능성을 제시하고, 기업 가치 평가를 극대화하며, 핵심 인재를 유치할 수 있는 환경을 조성하는 전략적 접근법으로 작용합니다. 결국, Exit 전략이 명확한 기업은 자본 유치, 성장 전략, 조직 운영 측면에서 지속 가능한 경쟁력을 확보할 수 있으며, 이는 투자자들에게 더욱 매력적인 투자 기회로 인식될 수 있습니다.

# 2. 스타트업 Exit 전략 가이드

## ❶ 맞춤형 Exit 전략 설계

스타트업의 Exit 전략은 일률적으로 적용될 수 없으며, 기업의 비즈니스 모델, 투자자 구성, 시장 환경, 재무 구조 등을 종합적으로 고려하여 최적화된 맞춤형 전략을 수립해야 합니다. 각 기업이 처한 환경과 성장 단계에 따라 가장 적합한 Exit 방식을 선정하고, 전략적 실행 계획을 마련하는 것이 필수적입니다.

## ❷ Exit 전략 수립 시 핵심 고려 요소

### 기업의 장기적 목표 설정

기업의 비전과 성장 로드맵에 따라 IPO(기업공개), M&A(인수합병), Secondary Sale(지분 매각) 등 최적의 Exit 옵션을 사전에 정의해야 합니다. 예를 들어 대규모 자금 조달과 브랜드 신뢰도 강화를 목표로 한다면 IPO, 빠른 투자 회수와 전략적 시너지를 원한다면 M&A, 특정 투자자의 Exit 기회를 제공하거나 유동성을 확보하려면 Secondary Sale 등의 방법을 사용할 수 있습니다.

### 시장 환경 분석 및 경쟁사 사례 검토

글로벌 및 국내 시장에서 유사 기업들의 Exit 사례를 분석하여, 업계 트렌드와 벤치마킹할 전략적 기회를 도출해야 합니다.

### 산업별 Exit 성공률 및 투자자 선호 경향 분석

Exit 타이밍을 결정하는 거시경제적 요소(금리, IPO 시장 활성화 등) 고려 및 경쟁사의 Exit 방식 및 기업 가치 평가 전략 비교해야 합니다.

### 기업 가치 극대화를 위한 전략적 포지셔닝

Exit 시점에서 기업의 가치를 극대화할 수 있도록 비즈니스 모델을 최적화하고, 핵심 지표(KPI)를 지속적으로 개선해야 합니다. 예를 들어 수익성 개선 및 안정적인 현금흐름(EBITDA, 매출성장률) 확보, 시장 내 경쟁 우위를 점할 수 있는 독점 기술, 네트워크 효과, 브랜드 가치 강화, 투자자들이 선호하는 멀티플(Multiple) 기반 기업 가치 평가 기준에 부합하는 재무 구조 구축 등이 있을 수 있습니다.

### 법률 및 재무적 리스크 관리

Exit 과정에서 발생할 수 있는 법률적, 세무적 리스크를 사전에 검토하고 대응 전략을 마련해야 합니다.

### 기업 지배구조 및 주주 간 계약 정비(주주 간 계약서, Drag-Along/Tag-Along 조항 등)

Exit 과정에서 기업 지배구조 및 주주 간 계약이 명확하게 정리되지 않으면 투자자와 창업자 간 이해관계 충돌이 발생할 수 있으며, 이는 Exit 성사에 중대한 장애 요소로 작용할 수 있습니다.

### Exit 후 발생할 수 있는 자본 이득세(Capital Gains Tax) 및 기타 조세 부담 검토

Exit 시 발생하는 자본 이득(Capital Gains)에 대한 과세는 투자자와 창업자의 실질적인 수익에 직접적인 영향을 미칠 수 있으므로, 사전에 철저한 세무 검토 및 절세 전략을 수립해야 합니다.

따라서, Exit 전략은 기업의 성장 단계와 시장 환경을 반영한 전략적 의사결정의 결과물이어야 하며, 이를 통해 투자자들에게 명확한 수익 실현 경로를 제공하는 동시에, 기업의 지속가능성과 가치를 극대화할 수 있어야 합니다. Exit 타이밍을 최적화하고, 재무·법률적 준비를 철저히 수행하는 것이 성공적인 Exit을 위한 핵심 요소입니다. 모든 스타트업이 같은 Exit 전략을 사용할 수는 없다. 기업의 비즈니스 모델, 투자자, 시장 환경 등을 고려하여 맞춤형 전략을 설계해야 합니다.

## 3. 스타트업 Exit 방법

### ❶ 주요 Exit 방법 및 방법별 상세 분석

기업의 Exit 전략은 재무적 목표, 시장 상황, 투자자 요구 사항 등에 따라 다양한 형태로 실행될 수 있습니다. 각 Exit 방식은 기업의 성장 단계와 사업 특성에 따라 적합성이 달라지며, 이를 면밀히 분석하여 최적의 전략을 선택하는 것이 필수적입니다.

#### M&A(Mergers & Acquisitions, 인수합병)

M&A는 더 큰 기업이 스타트업을 인수하거나, 동종 또는 보완적 사업을 운영하는 기업과 합병하는 Exit 전략입니다. 이는 전략적 투자자(Strategic Investor) 또는 재무적 투자자(Financial Investor)에 의해 추진될 수 있습니다.

| 구분 | 설명 |
| --- | --- |
| 장점 | 빠른 EXIT 실현 가능 – 상장(IPO) 대비 신속한 투자 회수 가능 |
| | 대기업과의 시너지 효과 – 시장 점유율 확대, 기술력 보완 및 운영 효율성 강화 |
| | 기업 가치 프리미엄 실현 가능 – M&A 경쟁이 있을 경우, 인수 프리미엄을 반영한 높은 기업 가치로 Exit 가능 |
| 단점 | 경영권 상실 가능성 – 창업자 및 기존 경영진이 사업 운영권을 잃을 수 있음 |
| | 통합 리스크(Post-Merger Integration, PMI) – 조직 문화 및 운영 방식 차이로 인한 통합 실패 가능성 |
| | 법적·규제 이슈 – 독점 규제, 계약 조건 협상 등 복잡한 법률 절차 발생 |

## IPO(Initial Public Offering, 기업공개)

IPO는 기업이 증권거래소에 주식을 상장하여 공모 자금을 조달하는 방식의 Exit 전략입니다. 이는 대규모 자금 조달과 기업 브랜드 가치 상승을 기대할 수 있는 방법입니다.

| 구분 | 설명 |
| --- | --- |
| 장점 | 대규모 자본 조달 가능 – 기존 투자자의 Exit뿐만 아니라, 기업 성장을 위한 추가 자본 확보 가능 |
| | 기업 신뢰도 및 브랜드 가치 제고 – 상장 기업으로서의 투명성 확보 및 시장에서의 입지 강화 |
| | 대규모 자본 조달 가능 – 기존 투자자의 Exit뿐만 아니라, 기업 성장을 위한 추가 자본 확보 가능 |
| | 후속 자금 조달 용이 – 상장 후 추가적인 유상증자 및 채권 발행이 가능하여 확장 전략 수립 용이 |
| 단점 | 상장 유지 비용 및 규제 부담 – 내부 통제, 회계 감사, 공시 의무 등 높은 규제 요건을 충족해야 함 |
| | 시장 변동성에 따른 기업 가치 변동 위험 – 상장 후 주가 변동성이 크며, 기업의 실적이 기대에 미치지 못할 경우 기업 가치 하락 가능 |
| | 기존 주주의 지분 희석 가능성 – 신규 투자자 유치를 위한 신주 발행 시 기존 지분율이 희석됨 |

### Secondary Sale

Secondary Sale은 기존 투자자가 보유한 지분을 제삼자(벤처캐피털, 사모 펀드, 전략적 투자자 등)에게 매각하여 Exit 하는 방법입니다.

| 구분 | 설명 |
| --- | --- |
| 장점 | 기존 투자자의 유동성 확보 – 기업이 IPO 또는 M&A 전 단계에서 일부 투자자에게 Exit 기회를 제공 가능 |
| | 기업 운영에 미치는 영향 최소화 – 신규 투자자가 기존 주주의 지분을 인수하는 구조이므로, 경영권 및 운영 방식 변화 없이 Exit 가능 |
| | 후속 투자 유치 촉진 가능 – 투자자 교체를 통해 기업의 네트워크 확장 및 추가적인 성장 기회 창출 가능 |
| 단점 | 기업 가치 평가가 어려움 – 시장에서 적정 기업 가치를 설정하는 것이 어려울 수 있으며, 매각 주체 간 가격 협상이 복잡해질 수 있음 |
| | 적절한 매수자 찾기 어려움 – 특정 기업의 사업 특성에 맞는 전략적 투자자를 유치하는 것이 도전 과제가 될 수 있음 |

### Buyback(바이백, 자사주 매입)

Buyback은 기업이 자체적으로 주식을 매입하여 투자자에게 Exit 기회를 제공하는 방식입니다. 일반적으로 기업이 건전한 현금흐름을 보유하고 있고, 주주 지분 구조를 조정하고자 할 때 활용됩니다.

| 구분 | 설명 |
| --- | --- |
| 장점 | 창업자 지분 유지 가능 – 외부 투자자 Exit 후, 창업자의 경영권을 안정적으로 유지 가능 |
| | 주당 가치 상승 효과 – 유통 주식 수 감소로 인해 기존 주주들의 주당 가치 상승 가능 |
| | 경영권 보호 및 주주 친화 정책 실행 – 경영진이 기업 지배력을 강화할 수 있는 전략적 도구 |
| 단점 | 회사 재무 부담 증가 – Buyback에 필요한 자금이 기업 운영에 부담을 줄 수 있음 |
| | 자본 구조 최적화 필요 – Buyback이 기업의 장기적인 성장 전략과 정합성을 갖추어야 효과적 |

기업의 Exit 전략은 단순한 지분 매각이 아니라, 기업의 장기적인 성장 방향, 투자자 이해관계, 시장 환경 등을 종합적으로 고려하여 결정해야 하는 전략적 선택입니다. 고성장 기업의 경우 IPO 또는 M&A를 통한 Exit가 가장 효과적일 수 있습니다. 일정 부분 투자 회수를 원하는 투자자는 Secondary Sale이나 Buyback을 고려할 수 있는데, 이처럼 Exit 전략은 기업의 현재 상태와 미래 비전에 따라 유연하게 조정되어야 하며, 철저한 사전 준비가 필요합니다.

## ❷ IPO 및 Exit 전략 변화

### IPO 시장의 변화

#### 상장 심사 기준의 고도화 및 엄격화

최근 글로벌 및 국내 IPO 시장은 재무성과 중심 평가에서 사업 모델 지속성, 거버넌스, ESG 대응 능력, 내부 통제 안정성을 포함한 종합적 심사 체계로 전환되고 있습니다. 미국과 유럽 시장은 분식회계, 내부 통제 부실 이슈로 인해 사전 실사(Due Diligence)와 내부 회계 관리 제도 요건을 강화하고 있으며, 한국도 K-회계 감리 강화 정책을 추진 중입니다. 기업은 상장 전 투명한 재무제표, 회계 시스템 구축, ESG 공시 대응을 준비하셔야 합니다.

#### 공모 시장 투자 심리 변화

2022~2024년 고금리 환경에서 IPO 시장이 급격히 위축되었으나, 2025년 이후 완화적 금리 정책 전환과 함께 점진적 회복세가 나타나고 있습니다.

다만, 투자자는 '고성장·고위험' 기업보다 안정적인 매출 기반, 글로벌 경쟁력, 수익성이 확인된 기업에 프리미엄을 부여하고 있습니다. 따라서 적자 IPO나 사업 모델 불확실성이 큰 기업의 상장은 더욱더 까다로워질 전망입니다.

### 프리IPO·해외 상장 다변화

국내 기업들은 코스닥뿐 아니라 나스닥, 홍콩, 싱가포르 등 해외 증시 상장을 통한 자금 조달을 적극 검토하고 있습니다. 프리IPO 라운드를 통해 대규모 자금을 확보하고, 글로벌 기관 투자자 네트워크를 사전에 확보하는 전략이 증가하고 있습니다. 국내외 거래소 간 상장 요건 완화, 교차상장 제도 개선으로 해외 Exit 기회가 확대될 가능성이 높습니다.

> 시사점: IPO는 여전히 가장 대표적인 Exit 전략이지만, 엄격한 심사 기준, 투자자 요구 수준 강화, 해외 상장 옵션 확대를 고려해 조기 대비가 필요합니다.

## ❸ M&A 시장 활성화

### 전략적 투자자 중심 M&A 확대

대기업과 글로벌 기업들은 신사업 진출, AI·바이오·친환경 기술 확보를 위해 스타트업·중견기업 인수에 적극적으로 나서고 있습니다. CVC(Corporate Venture Capital)와 대기업 오픈이노베이션 프로그램을 통한 M&A가 증가하며, 기술·IP 확보형 M&A가 주요 트렌드로 자리 잡고 있습니다. M&A는 IPO 대비 준비 기간이 짧고, 거래 구조와 기업 가치 협상이 유연하여 기업과 투자자 모두에게 빠른 Exit 수단을 제공합니다.

### 글로벌 M&A 시장의 회복세

2023~2024년 M&A 시장은 금리·규제 영향으로 위축되었으나, 2025년부터는 대형 Buyout 펀드의 Dry Powder 소진, 글로벌 산업재편을 배경으로 M&A 거래 건수가 증가할 것으로 전망됩니다. 특히 북미·유럽에서 AI, 반도체, 에너지 전환 분야 M&A가 활발해지고 있으며, 국내 기업도 해외 기업과의 크로스보더 M&A를 통한 Exit 전략을 확대하고 있습니다.

### 세컨더리 펀드·구조화 거래 증가

세컨더리 펀드를 통한 지분 매각, 부분 M&A(Partial M&A) 등 다양한 구조화 거래가 증가하고 있습니다. 투자자는 IPO를 기다리지 않고 조기 회수·안정적인 IRR(내부수익률) 확보를 위해 세컨더리 시장을 활용하는 경향이 강해지고 있습니다. 기업은 복수의 Exit 경로를 확보해 IPO·M&A·세컨더리 거래를 병행하는 하이브리드 전략을 준비하시는 것이 바람직합니다.

> 시사점: M&A는 속도, 유연성, 글로벌 네트워크 효과 측면에서 IPO보다 빠르고 안정적인 Exit 대안으로 부상하고 있습니다.

기업은 잠재적 매수자 파이프라인 구축, IP·기술 포트폴리오 강화, M&A 실사 대비 데이터룸 준비 등을 통해 M&A 기반 Exit 전략을 체계적으로 준비해야 합니다.

**Exit 전략 다변화와 투자 회수 구조 개선**

IPO 외에도 세컨더리 펀드, M&A, SPAC, 배당·수익 공유형 구조가 보편화되며 투자금 회수 경로가 다변화될 전망입니다. 글로벌 PEF와 CVC는 5년 이내 Exit 가능한 기업을 선호할 것이며, 투자 계약에서 회수 옵션이 세분화될 가능성이 큽니다. 기업은 IPO만을 목표로 하기보다 복수의 Exit 시나리오를 기반으로 투자자와 협상하시는 것이 유리합니다.

> 시사점: 향후 3~5년간 투자시장은 금리 안정화와 함께 회복세를 보일 것으로 예상되나, 투자자 기준은 더욱 까다로워지고 산업 집중도가 강화될 것으로 전망됩니다. 기업은 글로벌 네트워크 강화, ESG·지배구조 고도화, 기술/IP 경쟁력 확보, 다양한 Exit 시나리오 준비를 통해 중장기 투자 유치 전략을 마련하시는 것이 바람직합니다.

## ④ 세컨더리 시장 및 대체 Exit 전략

**세컨더리 펀드(Secondary Fund) 시장 확대**

세컨더리 펀드는 기존 투자자가 보유한 스타트업 지분을 2차 거래를 통해 매입하는 펀드를 의미합니다. 벤처캐피털, PEF, 글로벌 기관 투자자들이 조기 회수·안정적 IRR 확보를 위해 세컨더리 펀드 거래를 적극 활용하고 있습니다. 특히 IPO 지연, 기업 가치 변동성 증가 상황에서 세컨더리 거래는 투자자에게 유동성을 제공하고, 기업은 신규 전략적 투자자를 확보할 기회를 제공하고 있습니다. 국내에서도 모태펀드, 민간 VC 중심으로 세컨더리 전용 펀드 결성 규모가 확대되고 있으며, 2025~2027년까지 꾸준한 성장세가 예상됩니다.

### 부분 M&A(Partial M&A)와 구조화 거래

일부 지분만을 매각하여 투자자들의 부분 Exit를 허용하거나, 신규 투자자와 기존 투자자가 동시에 참여하는 구조화 거래가 증가하고 있습니다.

이 방식은 창업자 지분 희석을 최소화하면서도 투자자에게 조기 회수 기회를 제공할 수 있는 장점이 있습니다. 복수의 투자자와 맞춤형 거래 구조를 설계할 수 있는 '맞춤형 Exit 옵션'이 시장에서 점차 표준화되고 있습니다.

### SPAC(기업인수목적회사) 활용

SPAC을 통한 상장은 시간·비용을 절감할 수 있는 대체 IPO 전략으로 활용되고 있습니다.

미국에서는 SPAC 시장이 한때 과열 후 조정기를 거쳤으나, 2025년 이후 우량 기술 기업 중심의 SPAC 거래가 다시 활성화되고 있습니다. 국내 시장에서도 일부 증권사가 SPAC 상장을 통한 스타트업·중견기업 Exit 모델을 확대할 움직임을 보입니다.

### STO(Security Token Offering) 기반 지분 거래

STO는 블록체인 기반으로 증권형 토큰을 발행하여 투자자 간 지분의 부분적, 유동적인 거래를 가능하게 하는 Exit 모델입니다. 글로벌 규제 정비가 가속화되면서 비상장 주식의 토큰화 거래 플랫폼이 확대되고 있으며, 중소·비상장 기업에 새로운 유동성 옵션을 제공하고 있습니다. 다만 국내에서는 제도적 허용 범위가 제한적이므로, 해외 STO 시장 활용 또는 향후 국내 규제 완화에 대비한 준비가 필요합니다.

## 대체 Exit 전략의 부상

IPO 지연, M&A 불확실성 등으로 기존 Exit 경로만으로는 투자금 회수가 지연되는 사례가 많아지고 있습니다. 이에 따라 세컨더리 펀드, 부분 M&A, SPAC, STO 등 복합적 Exit 옵션을 병행하는 전략이 확산되고 있습니다. 글로벌 펀드는 투자 초기 단계부터 복수의 Exit 시나리오를 계약에 명시하는 사례가 증가하고 있으며, 국내 기업도 이를 선제적으로 준비하시는 것이 유리합니다.

> 시사점: 향후 3~5년간 IPO와 M&A에 집중되던 Exit 시장은 세컨더리 펀드, 부분 M&A, SPAC, STO 등 다각화된 경로로 확대될 것으로 전망됩니다. 기업은 투자 유치 초기 단계부터 여러 Exit 옵션을 고려한 지분 구조 설계, 투자자와의 사전 합의, 데이터룸 구축을 통해 유연하고 안정적인 투자금 회수 전략을 마련하시는 것이 바람직합니다.

## 요약

스타트업의 Exit 전략은 단순한 투자금 회수가 아니라, 기업의 성장과 지속가능성을 결정짓는 중요한 전환점이 됩니다. 성공적인 Exit는 기업의 재무적 성과를 극대화하고, 투자 생태계의 선순환을 촉진하며, 장기적인 비전을 실현하는 촉매제가 됩니다.

Exit은 단순한 사업의 마무리가 아니라, 기업이 새로운 도약을 준비하는 과정이므로 이를 통해 기업은 자본을 확충하고, 투자자는 수익을 실현하며, 시장 내 경쟁력을 더욱 강화할 수 있는 기회입니다. 따라서 M&A, IPO, SAFE 등 다양한 Exit 전략을 상황에 맞게 적절히 활용하며, 초기 단계부터 명확한 방향을 설정하는 것이 필수적입니다.

궁극적으로, Exit 전략을 전략적으로 수립하고 실행하는 기업은 투자자와 시장의 신뢰를 얻는 것은 물론, 지속 가능한 성장을 위한 강력한 기반을 구축하며, 미래의 더 큰 기회를 창출할 수 있을 것입니다.

## 4. 글로벌 스타트업 Exit 사례 분석

### ❶ 성공적인 M&A 사례: 페이팔(PayPal)

페이팔은 온라인 결제 시장을 선도하는 핀테크 기업으로, 2002년 eBay에 약 15억 달러에 인수되었습니다. 당시 eBay는 자사 경매 플랫폼에서 원활한 결제 수단을 확보하기 위해 페이팔을 전략적으로 인수했습니다. eBay의 인수 후에도 페이팔은 독립적으로 운영되었으며, 지속적인 기술혁신과 글로벌 확장을 통해 기업 가치를 극대화했습니다. 2015년 eBay와 분리되면서 독립 상장(Spin-Off)을 진행했으며, 이후 페이팔의 기업 가치는 지속적으로 상승하여 2024년 말 기준 시가총액이 약 76조 원 수준으로 성공적인 Exit 사례로 평가받고 있습니다.

### ❷ 성공적인 IPO 사례: 구글(Google)

구글은 검색 엔진 시장에서 독보적인 기술력을 보유한 IT 기업으로, 2004년 NASDAQ에 상장(IPO)하며 16.7억 달러의 자금을 조달했습니다.

IPO 이후 구글은 적극적인 인수합병(M&A) 전략을 펼쳐, 유튜브(2006년), 안드로이드(2005년), 더블클릭(2008년) 등 핵심 기업을 인수하며 사업 영역을 확장했습니다. 상장 당시 약 230억 달러였던 시가총액은 2024년 기준 1.7조 달러 이상으로 성장하며, 역사상 가장 성공적인 IPO 사례 중 하나로 평가됩니다.

### ③ 도전적인 IPO 사례: 우버(Uber)

우버는 공유 경제 및 모빌리티 혁신을 주도하는 대표적인 스타트업으로, 2019년 뉴욕증권거래소(NYSE)에 상장하며 약 81억 달러의 자금을 조달했습니다. IPO 당시 기업 가치는 약 820억 달러로 평가받았으나, 초기 실적 부진과 지속적인 적자 문제로 인해 상장 후 주가가 하락세를 보였습니다. 높은 마케팅 비용, 운전자 보조금, 규제 리스크 등의 요인으로 인해 초기 예상보다 빠른 수익 전환이 어려웠으며, 장기적인 주가 변동성이 Exit 전략의 리스크로 작용했습니다. 2021년 이후 물류, 음식 배달(Uber Eats), 자율주행 등으로 사업 다각화를 진행하며 수익성을 개선했고, 2023년 기준 흑자 전환에 성공하면서 시장 신뢰를 회복했습니다.

## 5. 국내 스타트업 Exit 현황과 과제

### ① 국내 스타트업 Exit 현황

한국의 스타트업 Exit 시장은 빠르게 성장하고 있지만, 여전히 M&A 및 세컨더리 마켓 활성화가 부족하고, IPO 의존도가 높은 구조를 보이고 있습니다. 국내 PEF(사모펀드) 시장 규모는 2024년 기준 약 140조 원으로 성장하며, 벤처 및 스타트업 투자 비중이 점진적으로 확대되고 있으며 기술특례상장 등의 제도적 지원으로 IPO가 증가하고 있지만, 미국 나스닥 등 해외 IPO와 비교하면 상대적으로 작은 규모에 머물러 있습니다. 또한 국내 M&A 시장은 대기업 중심의 인수합병이 주를 이루며, 스타트업들의 Exit 기회가 제한적인 경향이 있습니다. 따라서 스타트업 간 M&A 활성화 및 글로벌 기업과의 연계를 강화할 필요가 있습니다.

### M&A(인수합병)

➡ 활성화 부족: 해외에서는 스타트업 Exit의 대부분이 M&A를 통해 이루어지는 반면, 국내에서는 아직 M&A 시장이 충분히 성숙하지 못했습니다. 특히 수백억 원 이상의 대규모 M&A는 드문 편입니다.

➡ 주요 인수 주체: 중소·벤처기업 간의 M&A가 가장 많으며, 그 뒤를 대기업, 중견기업, 사모펀드(FI) 등이 잇고 있습니다. 최근에는 스타트업이 다른 스타트업을 인수하는 사례도 늘어나는 추세입니다.

➡ 대기업 M&A 감소: 최근에는 대기업이 스타트업을 직접 인수하는 사례가 줄어드는 경향을 보입니다. 이는 대기업이 직접 스타트업을 인수하기보다 '하청' 형태로 협력하는 경우가 많기 때문이라는 분석도 있습니다.

### IPO(기업공개)

➡ 주요 Exit 수단: 국내에서는 M&A보다 IPO를 통한 Exit가 더 선호되는 경향이 있습니다. IPO를 통해 더 높은 가치 평가를 받을 수 있다는 기대감 때문입니다.

➡ 심사 강화: 최근 몇 년간 '파두 사태'와 같은 일부 스타트업 IPO 논란이 불거지면서, 금융 당국의 상장 심사 기준이 더욱 까다로워졌습니다. 이로 인해 상장 심사 문턱을 넘지 못하고 자진 철회하거나 미승인 판정을 받는 사례가 늘

고 있습니다.

➡️ 해외 상장 검토: 일부 유니콘 기업들은 국내 시장에서 기업 가치를 온전히 인정받기 어렵다는 판단에 따라 미국 등 해외 증시 상장을 검토하기도 합니다. 토스 운영사인 비바리퍼블리카, 야놀자 등이 대표적인 예입니다.

### Exit 시장의 전반적인 동향

➡️ 투자시장 위축: 2022년 이후 글로벌 경기 둔화와 고금리 기조의 영향으로 스타트업 투자시장이 위축되었습니다. 이는 Exit 시장에도 영향을 미쳐 대규모 Exit 사례가 줄어드는 원인이 되었습니다.

➡️ 초기 투자의 강세: 투자시장 전반이 얼어붙었지만, 10억 원 미만의 초기 투자 건수는 꾸준히 유지되는 경향을 보입니다. 이는 초기 스타트업에 대한 투자가 여전히 활발하다는 것을 의미합니다.

➡️ M&A의 중요성 부각: IPO 시장의 불확실성이 커지면서 M&A를 활성화하여 스타트업 Exit의 다양한 통로를 확보해야 한다는 목소리가 커지고 있습니다. M&A는 IPO보다 빠르게 투자금을 회수할 수 있는 장점이 있습니다.

> 시사점: 국내 스타트업 생태계가 지속 가능한 선순환 구조를 구축하기 위해서는 M&A 시장의 활성화가 필수적이라는 지적이 많습니다. 이를 위해 정부 차원에서는 M&A 중개 플랫폼 구축, 자문 비용 지원 등 다양한 정책적 지원 방안을 모색하고 있습니다.

### 국내 스타트업 Exit 주요 과제

국내 스타트업 Exit(투자금 회수)의 주요 과제는 M&A 시장 활성화와 IPO 시장의 안정성 확보로 요약할 수 있습니다. 현재 국내 스타트업 생태계는 창업과 투자는 활발하지만, 회수 단계가 취약해 선순환 구조를 구축하는 데 어려움을 겪고 있습니다.

## M&A(인수합병) 시장 활성화

국내 스타트업 Exit은 IPO에 대한 의존도가 높은 반면, M&A는 상대적으로 미흡합니다. 이는 다음과 같은 문제들을 야기합니다.

- **낮은 인수 의지**: 대기업들이 스타트업을 직접 인수하기보다 단순 협력 관계로 두거나, 자체적으로 신사업을 추진하려는 경향이 강합니다. 특히 실패 시의 부담감, 인수 후 통합(PMI)의 어려움 등이 인수 의지를 저해하는 요인입니다.
- **정보 불균형**: 스타트업과 잠재적 인수 기업 간의 정보가 불균형해 적정한 가치 산정이 어렵습니다. M&A 전문 중개 기관이나 플랫폼이 부족한 것도 문제입니다.
- **세제 혜택 부족**: M&A 활성화를 위한 세제 지원이 미흡하다는 지적도 있습니다. 미국 등 선진국에 비해 M&A 관련 세금 혜택이 적어 기업들의 적극적인 인수를 유도하기 어렵습니다.

## IPO(기업공개) 시장 안정성 확보

최근 IPO 시장의 변동성이 커지면서 스타트업의 Exit 통로가 불안정해지고 있습니다.

- **까다로운 상장 심사**: 금융 당국의 상장 심사가 강화되면서 기술특례상장 등을 추진하는 스타트업들이 상장 문턱을 넘지 못하는 경우가 늘고 있습니다. 특히 재무적 성과가 미흡한 스타트업은 기술력만으로는 상장에 성공하기가

점점 어려워지고 있습니다.

- ▶ 과도한 기업 가치 평가: 비상장 단계에서 높은 기업 가치를 인정받았지만, IPO 시점에 시장의 외면을 받아 공모가에 미달하는 경우가 빈번합니다. 이는 투자자와 기업 모두에게 손해를 입히며 시장에 대한 불신을 키웁니다.

- ▶ 유동성 문제: IPO 이후 주가 하락이나 투자금 회수 제한 등 유동성 문제가 발생할 수 있습니다. 이는 후속 투자에 부정적인 영향을 미쳐 스타트업 생태계 전반의 활력을 떨어뜨립니다.

### 정부 및 생태계 차원의 노력

스타트업 Exit 환경 개선을 위해서는 정부와 민간이 협력해 해결해야 할 과제들이 많습니다.

- ▶ 정책적 지원 강화: M&A 활성화를 위한 세제 혜택 확대, M&A 전문 중개 플랫폼 지원 등이 필요합니다. 또한 IPO 심사 기준을 시장 상황에 맞게 유연하게 조정하는 방안도 고려해야 합니다.

- ▶ 건전한 투자 문화 조성: 투자 초기부터 Exit 전략을 함께 고민하고, 기업 가치를 현실적으로 평가하는 문화가 필요합니다. 무분별한 '몸값 부풀리기'를 지양하고, 장기적인 관점에서 기업의 성장 잠재력을 평가해야 합니다.

- ▶ 다양한 Exit 모델 발굴: M&A와 IPO 외에 세컨더리 펀드(Secondary Fund)나 VC-FI 매각(VC-FI Secondary) 등 다양한 형태의 Exit 모델을 발굴해야 합니다. 이를 통해 투자자들의 투자금 회수 기회를 늘리고, 스타트업 생태계의 유동성을 확보할 수 있습니다.

## ❷ 주요 과제

### M&A 활성화 – 글로벌 기업과 협업 및 인수 기회 확대

▶ 국내 대기업과 스타트업 간 M&A 촉진: 기존 대기업 주도의 M&A가 아닌, 스타트업 간 M&A 및 글로벌 기업과의 협력 구조 구축이 필요합니다.

▶ Cross-border M&A(국경 간 인수합병) 확대: 해외 기업들이 국내 스타트업을 인수할 수 있도록, 해외 투자 유치 및 글로벌 네트워크 강화가 필요합니다.

### IPO 규제 완화 – 기술 특례 상장 활성화 필요

▶ IPO 요건 완화 및 다변화: 기술특례상장, 성장성특례상장 등 다양한 형태의 상장 경로 활성화가 필요합니다.

▶ 해외 IPO 진출 지원: 한국 스타트업들이 나스닥, 홍콩 등 해외 증시에 상장할 수 있도록 금융 지원 및 규제 완화가 필요합니다.

▶ 스타트업 친화적 공모시장 조성: 상장 후 유지 비용 부담을 줄이고, 중소·벤처기업 대상의 자본시장 접근성을 확대할 필요가 있습니다.

### 투자 회수 기간 단축 – Secondary Sale 시장 활성화 필요

▶ 비상장 주식 거래 플랫폼 강화: 기존 K-OTC 및 장외 주식 거래 플랫폼을 확대하여 투자자들의 조기 Exit 기회를 제공합니다.

▶ 세컨더리 펀드(Secondary Fund) 조성 확대: 기존 투자자의 유동성을 보장하고, 스타트업 후속 투자 연계를 지원하기 위해 세컨더리 펀드 운용 확대가 필요합니다.

▶ PEF 및 VC 간 협력 강화: 사모펀드와 벤처캐피털 간 협업을 통해 장기투자자(LP)의 투자 회수 기회를 늘리고, 투자 생태계를 더욱 견고히 구축해야 합

니다.

➡ 이와 같이 현재 한국 스타트업 Exit 시장은 빠르게 성장하고 있지만, M&A 시장의 성숙도 부족, IPO 의존 구조, 투자 회수 환경의 미흡 등의 한계를 보입니다. 이를 개선하기 위해서는 M&A 활성화, IPO 제도 개선, 세컨더리 마켓 확대 등 다각적인 전략이 필요합니다.

## Chapter 5

# 투자시장 트렌드

# 1. 글로벌 투자시장

## ① 글로벌 정세와 투자 흐름

➡ 미중 갈등, 공급망 재편→ 반도체, AI, 배터리 산업 등 전략 산업으로 자본 집중

➡ 지속가능성(Sustainability)강화 → ESG 및 임팩트 투자 수요 급증

➡ 지정학 리스크 확대→ 글로벌 투자 리스크 평가 강화

➡ 거시경제 및 금리 정책 변화가 투자시장에 미치는 영향

2023~2025년 동안 글로벌 금리 인상 기조로 인해 벤처 투자와 IPO 시장이 전반적으로 위축되는 현상이 나타났습니다.

그러나 2025년 하반기 이후 주요국의 완화적 통화 정책 전환이 예상되며, 금리 하락은 기업 밸류에이션 회복과 레버리지 M&A 활성화, 성장 기업에 대한 투자 확대를 견인할 것으로 전망됩니다.

인플레이션 완화와 함께 글로벌 VC·PE 펀드가 보유 중인 슬리핑 캐피털(Dry Powder)이 다시 시장에 유입될 것으로 기대됩니다.

### 주요국 벤처·사모·공모 시장 동향

미국에서는 생성형 AI, 클린테크, 바이오테크가 투자 상위 섹터로 꼽히며, 나스닥 IPO 시장은 2023년 대비 2025년 상반기에 약 40% 이상 회복세를 보이고 있습니다.

유럽(EU)에서는 ESG·탄소 중립 중심 펀드가 확대되고 있으며, 국경 간 크로스보더 딜과 임팩트 펀드가 새로운 투자 트렌드로 자리 잡고 있습니다.

중국과 아시아 지역에서는 반도체, 전기차, 배터리 산업 투자가 확대되고 있으며, 정부 주도 펀드와 국부펀드가 스타트업 및 중견기업의 Buyout을 주도하고 있습니다.

글로벌 사모펀드(PEF)는 미상장 기업 Buyout과 프리IPO 라운드에 자금을 집중하며 대형화·전문화되는 추세를 보이고 있습니다.

## 지정학적 리스크와 글로벌 자본 흐름 변화

미·중 갈등, 우크라이나 전쟁, 중동 지역의 지정학적 불안정성이 여전히 글로벌 투자 심리를 억제하는 주요 요인으로 작용하고 있습니다.

전략적 자금은 상대적으로 안전 자산이 있는 미국, 일본, 일부 유럽 국가 중심으로 유입되는 경향을 보이고 있으며, 신흥국 투자는 감소세를 보이고 있습니다.

반면 공급망 재편과 리쇼어링 정책으로 북미와 유럽 내 첨단 제조, 인공지능 인프라 분야에 투자 유입이 증가하는 추세입니다.

## ESG·임팩트 투자 등 가치 기반 투자 확산

전 세계 자산운용사 중 70% 이상이 ESG를 투자 필수 기준으로 채택하고 있으며, 탄소배출권, 재생에너지, 순환 경제 분야 투자가 급증하고 있습니다.

이에 따라 그린본드와 전환금융(Transition Finance) 시장이 확대되고 있으며, 사회적 가치 창출과 지속가능성을 결합한 임팩트 펀드 조성이 활발하게 이루어지고 있습니다.

향후 35년간 ESG·임팩트투자시장은 연평균 1,015% 수준의 성장세를 이어갈 것으로 예상되며, 스타트업 평가 시 비재무적 요소가 기업 가치 산정에 직접 반영되는 사례가 더욱 늘어날 것으로 전망됩니다.



## 2. 국내 투자시장

### ① 금리·유동성 환경 변화

▶ 고금리 기조 장기화: 글로벌 긴축 지속 → 위험 자산 회피 경향

▶ VC의 투자 심리 위축: 선별적 투자 강화, 실적 중심으로 재편

▶ 자산 유동성 선호: 초기 기업보다는 시리즈 B~C 등 검증된 기업 우선

#### 스타트업 및 벤처투자시장 규모 변화 추이

2024년 한국 벤처투자시장은 금리와 경기 불확실성으로 위축되었으나, 2025년 상반기 들어 일부 회복세가 나타나고 있습니다.

시드·프리A 단계의 초기 투자보다는 안정적인 Series B~C 단계 기업에 자금이 몰리는 경향이 강해졌습니다.

정부 모태펀드와 정책금융이 여전히 국내 VC 펀드 조성의 핵심 축을 담당하고 있으며, 민간자본의 리스크 회피 성향은 여전히 존재하고 있습니다.

## 산업별 투자 선호도 변화

AI·데이터, 반도체·차세대 전장부품, 바이오헬스, 친환경·ESG 산업에 대한 투자가 확대되고 있습니다. 전통 제조업이나 플랫폼 중심 소비재 산업은 투자 심리 둔화로 자금 유입 속도가 느려지고 있습니다. 특히 생성형 AI와 로보틱스 분야는 정부 지원과 글로벌 빅테크 수요 확산으로 국내 투자자들이 주목하는 핵심 분야로 자리 잡고 있습니다.

## 정책자금 및 정부지원펀드 동향

모태펀드 3조 원 규모의 추가 출자가 예정되어 있으며, 기술보증기금·신용보증기금과 연계된 보증형 투자 상품이 확대되고 있습니다. 정부는 성장성 높은 스타트업을 위한 매칭펀드, 심사 간소화 제도, 초기창업패키지 자금 지원 등을 강화하고 있습니다. ESG, 탄소 중립, 글로벌 진출 전략을 보유한 기업이 정책자금 지원에서 우선순위를 차지하는 경우가 늘어나고 있습니다.

## 대체투자, 사모펀드(PEF), CVC를 통한 투자 활성화

대기업 CVC(Corporate Venture Capital)의 스타트업 투자 비중이 꾸준히 증가하고 있으며, M&A형 투자가 확대되고 있습니다. 사모펀드(PEF)는 비상장 중견기업 Buyout에 집중하는 한편, IPO 전 단계의 프리IPO 투자가 활발해지고 있습니다. 벤처투자시장과 대체금융시장의 경계가 점차 허물어지며, 프로젝트 펀드와 메자닌(Mezzanine) 투자가 늘어나는 추세를 보이고 있습니다.

## 3. 자금 조달 구조의 변화

### 투자 단계별 자금 흐름 변화

최근 2~3년간 글로벌 및 국내 벤처 투자 환경은 리스크 회피 성향이 강해지면서 시드(Seed)와 프리A 단계 투자 비중이 감소하는 추세를 보입니다. Series A 이후의 성장 단계 기업에는 여전히 자금이 몰리고 있으며, 매출 실적과 이익률이 확인되는 Late Stage 기업에 대한 선호도가 높아지고 있습니다. 투자자들은 초기 기업에 대해 단독 투자보다는 Co-investment(공동 투자)와 컨버터블 노트(조건부 전환사채) 등을 활용하여 리스크를 분산하는 경향을 보입니다.

### 메자닌(Mezzanine)·브릿지 투자 확대

전환사채(CB), 신주인수권부사채(BW) 등 메자닌 상품을 통한 자금 조달이 활발히 이루어지고 있습니다. 이러한 방식은 투자자에게 채권과 지분 전환의 선택권을 부여하여 안정성을 높이고, 기업에게는 IPO 전까지 자금을 확보할 수 있는 유연성을 제공합니다. 프리IPO 단계에서 브릿지 투자가 증가하고 있으며, 이는 상장 전 기업 가치 극대화와 투자자 지분 참여를 동시에 달성할 수 있는 전략적 자금 조달 수단으로 자리 잡고 있습니다.

### 대체금융·신금융 플랫폼의 부상

크라우드펀딩, P2P 금융, STO(Security Token Offering) 등 비전통적 자금 조달 채널이 성장하고 있습니다. STO는 블록체인 기반 증권형 토큰 발행으로, 해외에서는 점차 제도권에 편입되고 있으며 국내에서도 시범사업과 규제 개선이 진행되고 있습니다. 이러한 대체금융은 소규모 투자자 풀 확보와 신속한 자금 조달을 가능하게 하지만, 제도적 안정성 확보가 향후 성장의 핵심 과제로 꼽히고 있습니다.

### 기관 투자자 및 전략적 투자자의 공동 참여 증가

VC 단독 투자보다는 복수 투자자(Co-investment)가 참여하는 구조가 보편화되고 있으며, 기업 가치 평가의 신뢰도를 높이는 역할을 하고 있습니다. 대기업 CVC, 글로벌 PE, 해외 전략적 투자자들이 공동 펀딩·합작 펀드 조성을 통해 자금을 투입하는 사례가 증가하고 있습니다. 이는 기업 입장에서 후속 투자 유치 가능성 확대와 글로벌 네트워크 확보라는 긍정적 효과를 기대할 수 있는 구조입니다.

> 시사점: 자금 조달 구조는 과거 단독 VC 투자 중심에서 다양한 금융 상품·공동 투자·대체 금융 플랫폼으로 다변화되고 있습니다. 기업은 투자 단계별로 부채·지분·메자닌을 조합한 하이브리드 전략을 활용하고, 공동 투자자 및 글로벌 투자자와의 협력 기반을 확보하시는 것이 바람직합니다.

## 4. 투자자 관점에서의 선택 기준

### 재무 지표 중심에서 '지속가능성·확장성' 평가 비중 확대

과거에는 매출, 영업이익, EBITDA 등 전통적 재무 지표가 투자 판단의 핵심 기준이었으나, 최근에는 지속적인 성장가능성과 확장성이 더 중요한 평가 요소로 자리 잡고 있습니다. 투자자는 단기 실적보다 시장 점유율 확대 가능성, 제품·서비스의 재구매율, 고객 생태계 확보 능력 등을 중점적으로 검토하고 있습니다. 특히, 반복적 수익 창출 구조(Recurring Revenue)와 높은 LTV(Life Time Value)를 보유한 기업이 우선적으로 투자 대상이 되는 추세입니다.

### 기술력·지식재산(IP) 보유 여부의 중요성 강화

차별화된 원천 기술과 특허, 상표권 등 지식재산(IP)을 확보한 기업은 향후 경쟁 우위를 선점할 가능성이 커 투자 매력도가 상승하고 있습니다.

AI, 바이오, 반도체, 친환경 기술 분야에서는 기술 장벽과 독점권이 곧 기업 가치로 연결되며, 투자자의 리스크를 크게 낮추는 요인으로 작용하고 있습니다. 투자자는 기술적 경쟁 우위뿐 아니라 라이선스 전략, IP 활용 가능성, 글로벌시장 진출 시 방어력까지 종합적으로 평가하고 있습니다.

### 리스크 관리·내부 통제 체계의 신뢰성 검증

투자자가 가장 우려하는 부분은 회계 투명성 부족, 법률 리스크, 지배구조 불안정성입니다. 최근 글로벌 자본시장에서 회계 부정, 내부 통제 미비 사례가 잇따르면서 재무·회계 관리 시스템, 감사 의견, 법적 분쟁 이력이 심사 과정에서 중요하게 다뤄지고 있습니다. 또한 ESG 리스크, 데이터 보안, 개인정보 보호 체계가 미비한 기업은 투자 평가에서 감점 요인이 될 수 있습니다.

### 글로벌 확장 전략 및 Exit 전략 가시성

투자자는 기업이 해외 시장 진출을 위한 전략·파트너십·규제 대응 방안을 보유하고 있는지를 중요하게 검토하고 있습니다. 글로벌시장에서 스케일업 가능성을 확보한 기업은 밸류에이션 프리미엄을 받을 가능성이 높습니다. 또한, 투자금 회수(Exit) 경로가 명확해야 하며, IPO, M&A, 세컨더리 거래, 배당수익 등 다양한 시나리오가 구체적으로 제시된 기업이 선호됩니다.

> 시사점: 투자자들은 단순 재무 지표 중심에서 벗어나 지속 가능 성장성, 기술/IP 경쟁력, 리스크 관리 체계, 글로벌 확장 가능성, Exit 전략 명확성을 종합적으로 고려하여 투자 결정을 내리고 있습니다.
> 기업은 이러한 투자자 관점의 기준을 충족할 수 있도록 사전 준비와 구조 개선, 기술력 강화, 글로벌 네트워크 확보를 체계적으로 추진하시는 것이 바람직합니다.

## 5. 향후 3~5년 전망과 시사점

### 글로벌 금리 및 투자 심리 회복 전망

2025년 하반기 이후 주요국의 기준금리 인하가 가속화될 것으로 예상되며, 이는 벤처·사모·공모 시장 전반의 자금 유입 확대로 이어질 전망입니다. 금리 하락은 기업 밸류에이션을 높이고 레버리지 기반의 대형 M&A를 활성화하며, IPO 시장 재개에도 긍정적인 영향을 미칠 것으로 보입니다. 글로벌 펀드 자금이 신흥시장보다는 북미, 유럽, 아시아 선도 국가 중심으로 집중될 가능성이 커 국내 기업은 해외 투자 허브와의 네트워크 강화가 필요합니다.

### 산업별 고성장 섹터 투자 집중

향후 3~5년간 생성형 AI, 반도체·첨단제조, 바이오헬스케어, 친환경 에너지·ESG 관련 산업이 투자시장을 선도할 것으로 전망됩니다. 데이터 인프라, 로보틱스, 전기차·배터리 분야는 글로벌 공급망 정책과 맞물려 지속적인 투자 확대가 예상됩니다. 국내 기업은 글로벌 밸류체인 편입 및 공동 R&D, IP 기반 기술 협업 전략을 통해 투자 유치 경쟁력을 높여야 합니다.

### 사모·공모 시장 경계 약화 및 대체금융 성장

사모펀드(PEF)와 벤처펀드, 상장(IPO) 시장 간 경계가 점차 약화하며, 프리 IPO·세컨더리 거래·사모+공모 혼합 구조가 일반화될 것으로 예상됩니다.

크라우드펀딩, STO(Security Token Offering), 메자닌 등 대체금융 수단이 제도권 내에서 활성화될 가능성이 큽니다.

기업은 다양한 투자자 풀을 확보하고 채권+지분+토큰화 증권을 결합한 하이브리드 자금 조달 전략을 준비하시는 것이 바람직합니다.

### 투자자 요구 수준의 고도화 및 글로벌 규제 강화

투자자는 재무상태표 외에도 지속가능성, ESG 리스크 대응, IP·데이터 자산 확보, 내부 통제 체계를 필수 기준으로 요구할 전망입니다. 글로벌 자본시장에서 회계·법률·데이터 보안 규제가 강화되고 있어, 이를 충족하지 못하는 기업은 투자 대상에서 제외될 가능성이 큽니다. 국내 기업은 투명한 거버넌스, 회계 안정성, ESG 대응 역량 강화를 선제적으로 구축하시는 것이 필요합니다.

## Chapter 6

# 사업계획서, IR & 피치 덱

# 1. 사업계획서

## ① 기획 의도 및 목적 등

| 구분 | 사업기획서(Business Plan) |
|---|---|
| 기획 의도 | 사업의 실행 가능성 및 구체적인 운영 계획을 수립하고, 사업의 타당성을 냉철하게 검토하여 내부 실행의 기준을 마련 |
| 사용 목적 | 사업의 실행 로드맵 및 운영 가이드라인, 내부 자원 배분 및 경영 의사 결정의 기준, 은행 대출 심사 자료 |
| 활용 대상 | 내부 경영진, 실무팀, 사업부서 책임자, 금융기관(대출 심사역), 주요 협력 파트너사 |
| 기획 방향 | 구체성, 논리성, 현실성, 안정성 확보<br>'어떻게 운영하여 지속적인 수익을 창출할 것인가?'에 초점 |
| 분량 | 상세한 문서 형태(워드/PDF), 최소 30페이지 이상<br>필요한 분량만큼, 상세한 분석 데이터와 배경 설명을 포함. |
| 기타 | 사용 방향에 따라 추후 지속적인 업데이트 필요, 운영 및 사업 추진에 따라 유형별 버전의 구분으로 연속성, 일관성, 변경 및 발전 상황에 따라 빅데이터로 활용 가치 |

## ② 기본 구성

| 항목 | 주요 내용 요약 |
|---|---|
| ① 회사 개요 | 설립 배경, 미션, 비전, 조직, 연혁, 핵심 가치 등 |
| ② 문제 정의 및 솔루션 | 해결하려는 문제, 해결하려는 해결책 |
| ③ 시장 및 경쟁 분석 | 시장 규모, 성장성, 고객 세분화, 경쟁사 분석 |
| ④ 제품/서비스 소개 | 주요 제품, 서비스, 기술 소개 및 가치 설명 |

| ⑤ 비즈니스 모델 및 수익 모델 | 사업 전체 설계도, 어떻게 돈을 벌 것인가? |
|---|---|
| ⑥ 마케팅 및 세일즈 전략 | 어떻게 알리고(유통, 채널, 브랜딩), 어떻게 판매 |
| ⑦ 운영 및 인력 계획 | 핵심 인력, 조직 구성, 채용 계획 |
| ⑧ 재무 및 투자 계획 | 손익 계획, 추정 재무제표, 자금 운용 계획 |
| ⑨ 실행 로드맵 및 핵심 성과 지표 (KPI) | 마일스톤 및 타임라인(Milestones & Timeline) |
| ⑩ 위험 요소 및 대응 전략 | 주요 리스크와 시나리오별 대응 방안 |

## ① 회사 개요

우리 회사의 존재 이유(미션), 미래 비전, 그리고 이를 이끌어 갈 핵심 인력의 역량을 소개합니다.

▶ 회사의 미션과 비전, 핵심 가치, 설립 목적, 그리고 창업자 및 주요 팀원들의 경력과 전문성을 명확히 제시하여 팀의 신뢰성을 강조합니다.

## ② 문제 정의 및 솔루션

▶ 문제 정의(Problem Definition): 어떤 시장의 어떤 고객이 겪고 있는 구체적인 문제점을 명확히 제시합니다. 이 문제가 얼마나 심각하고 광범위한지 데이터를 통해 보여 주는 것이 중요합니다.

▶ 솔루션(Solution): 우리의 제품/서비스가 앞서 정의한 문제를 어떻게 혁신적으로 해결하는지 설명합니다. 단순히 기능 나열이 아닌, 고객에게 어떤 가치를 제공하는지에 초점을 맞춥니다. 고객의 불편함을 구체적인 사례로 제시하고, 우리가 어떻게 그 문제를 해결하며, 기존 방식과 비교했을 때 어떤 차

별점이 있는지 설명합니다.

### ③ 시장 및 경쟁 분석

우리가 진출할 시장의 규모와 성장성, 주요 경쟁 환경을 분석하여 사업의 기회와 경쟁력을 입증합니다.

- ➡ 시장 규모 및 성장성(Market Size & Growth): 전체시장(TAM), 유효시장(SAM), 서비스가능시장(SOM)을 구체적인 수치와 근거로 제시하여 시장의 매력도를 보여 줍니다.
- ➡ 경쟁 분석(Competitive Analysis): 직접 및 간접 경쟁사를 분석하고, 그들의 강점과 약점을 파악합니다. 우리 기업이 경쟁사 대비 어떤 차별화된 경쟁 우위(Competitive Advantage)를 가졌는지 명확히 설명합니다.(기술, 가격, 브랜드, 네트워크 효과 등)
- ➡ 산업 동향 및 규제(Industry Trends & Regulations): 산업의 현재 트렌드, 미래 전망, 그리고 관련 법규나 규제가 사업에 미치는 영향을 분석합니다.

### ④ 제품/서비스 소개(솔루션의 구체적인 구현 방안)

우리 제품/서비스의 핵심 기능과 고객에게 제공하는 가치를 구체적으로 설명합니다.

- ➡ 핵심 기능 및 특징(Key Features & Differentiators): 제품/서비스의 주요 기능과 함께, 이것이 어떻게 경쟁사와 차별화되는지 강조합니다.
- ➡ 기술 스택 및 개발 로드맵(Technology Stack & Development Roadmap): 사용 기술, 개발 진행 상황, 향후 개발 계획(마일스톤)을 제시하여 기술적 역량과 비전

을 보여 줍니다.

➡️ 지적재산권(Intellectual Property): 특허, 상표, 저작권 등 보유하고 있거나 출원 중인 지적재산권 현황을 명시하여 기술적 우위를 증명합니다.

## ⑤ 비즈니스 모델 및 수익 모델

'비즈니스 모델'은 사업의 전체적인 설계도를 의미하고, '수익 모델'은 그 설계도 안에서 돈을 버는 방법만을 구체적으로 설명하는 개념입니다.

➡️ 비즈니스 모델 가치 제안(Value Proposition): 고객에게 제공하는 핵심 가치가 무엇인지 명확히 합니다.

➡️ 수익 모델(Revenue Model): 어떻게 수익을 창출할 것인지 구체적인 방법을 제시합니다(예: 구독료, 수수료, 광고, 판매 등).

➡️ 비용 구조(Cost Structure): 사업 운영에 필요한 주요 비용 요소를 분석합니다.

<'비즈니스 모델'과 '수익 모델' 차이점>

| 구분 | 비즈니스 모델(Business Model) | 수익 모델(Revenue Model) |
|---|---|---|
| 개념 | 어떻게 가치를 창출하고 전달할 것인가? (사업의 전반적인 운영 방식) | 어떻게 돈을 벌 것인가? (수익 창출의 구체적인 방법) |
| 범위 | 가치 제안, 고객, 채널, 핵심 자원, 파트너십, 비용 구조 등 사업의 모든 구성 요소 | 구독료, 광고비, 수수료, 판매 수익 등 수익에 직접 관련된 요소 |
| 예시 | '온라인 강의 플랫폼'이라는 비즈니스 모델 | '월 구독료를 통한 수익'이라는 수익 모델 |

따라서, 사업계획서에서는 '비즈니스 모델'을 통해 사업의 큰 그림을

보여 주고, 그 하위 개념인 '수익 모델'을 통해 수익 창출 방안을 명확히 제시하는 것이 가장 논리적이고 효과적인 구성입니다.

## ⑥ 마케팅 및 세일즈 전략

- **타깃 고객 세분화(Customer Segmentation)**: 우리의 제품/서비스를 구매할 핵심 고객층을 명확히 정의하고, 그들의 특성을 분석합니다.
- **고객 확보 전략(Customer Acquisition Strategy)**: 어떤 채널(온라인 광고, SNS, 제휴 등)을 통해 어떻게 고객을 확보할 것인지 구체적인 계획을 제시합니다.
- **고객 유지 및 확장 전략(Customer Retention & Expansion)**: 확보한 고객을 어떻게 유지하고, 추가적인 구매를 유도할 것인지 설명합니다.

## ⑦ 운영 및 인력 계획

사업을 운영하는 데 필요한 내부 시스템, 핵심 인력 구성, 그리고 생산 및 서비스 제공 프로세스를 설명합니다.

- **조직 구조 및 핵심 인력(Organizational Structure & Key Personnel)**: 현재 조직 구성과 함께, 각 핵심 인력의 역할, 경험, 전문성을 상세히 소개합니다.
- **채용 계획(Hiring Plan)**: 향후 사업 확장에 필요한 인력 충원 계획을 제시합니다.
- **운영 프로세스(Operational Process)**: 제품 개발, 고객 서비스, 물류 등 주요 운영 프로세스를 간략히 설명합니다. 또한, 효율적인 운영을 위한 핵심 파트너십 등을 포함하여 사업의 안정적인 실행 가능성을 보여 주는 기회로 어필합니다.

⑧ 재무 및 투자 계획

사업의 재무 예측과 필요한 자금 규모 및 사용 계획, 그리고 투자 회수 방안까지 포괄적으로 제시합니다.

➡ 손익계산서, 재무상태표, 현금흐름표(Pro-forma Financial Statements): 향후 3~5년간의 예상 재무제표를 제시합니다.

➡ 주요 재무 지표(Key Financial Metrics): 손익분기점, 투자 회수 기간, 성장률, 수익성 지표 등을 분석하여 재무적 건전성과 성장 잠재력을 보여 줍니다.

➡ 가정 및 전제(Assumptions & Premises): 재무 예측을 위한 주요 가정(예: 시장 점유율, 고객 확보 비용 등)을 명확히 제시하여 예측의 신뢰성을 높입니다. 일반적으로 3~5년간의 매출 및 비용 추정치, 필요한 투자 금액과 사용처, 그리고 투자자를 위한 지분율, 투자금 회수(Exit) 전략 등을 포함하여 재무적 타당성을 입증합니다.

⑨ 실행 로드맵 및 핵심 성과 지표(KPI)

사업의 비전을 구체적인 단계와 목표로 나누어 보여 줍니다. 6개월, 1년, 3년 단위의 명확한 실행 계획(로드맵)을 제시하고, 각 단계별 성공 여부를 측정할 핵심 성과 지표(KPI)를 설정하여 사업의 진행 상황을 효과적으로 관리할 수 있음을 보여 줍니다.

실행 계획은 언제, 누가, 무엇을, 어떻게 할 것인지 구체적으로 명시하는 부분입니다. 투자자들은 이 계획을 통해 사업의 성공 가능성을 판단하므로, 명확하고 달성할 수 있는 목표와 일정을 제시하는 것이 중요합니다.

<마일스톤 및 타임라인(Milestones & Timeline)>

| 주요 마일스톤 | 시기 | 담당 팀/인력 | 핵심 성과 지표 |
|---|---|---|---|
| MVP 개발 완료 | 1~3개월 차 | 개발팀 | 개발 완료율, 버그 수 |
| 베타 서비스 론칭 | 4개월 차 | 마케팅/개발팀 | 베타 테스터 수 |
| 초기 고객 확보 | 5~12개월 차 | 마케팅팀 | 신규 고객 수, CAC |
| 시리즈 A 투자 유치 | 18~24개월 차 | 경영진 | 기업 가치, 투자 금액 |

▶ **조직 및 역할 분담**(Organization & Role Assignment): 사업 운영을 위한 조직 구조와 각 팀의 역할을 명확히 하는 부분입니다. 핵심 인력의 전문성을 강조하고, 사업 성장에 따른 채용 계획을 구체적으로 제시합니다.

- 팀 구조: 개발팀, 마케팅팀, 영업팀 등 조직도를 제시합니다.
- 주요 인력: 각 팀의 리더 및 핵심 인력의 역할과 전문성을 명시합니다.
- 채용 계획: "6개월 이내 백엔드 개발자 1명, UX/UI 디자이너 1명 채용 예정"과 같이 구체적인 계획을 포함합니다.

▶ **자원 조달 및 관리 계획**(Resource Plan): 사업을 실행하는 데 필요한 재정, 인력, 기술 등 모든 자원을 어떻게 확보하고 관리할 것인지에 대한 계획입니다.

- 재정적 자원: "투자금 20억 원을 제품 개발 10억, 마케팅 5억, 인건비 5억으로 사용하겠다"와 같이 자금 사용 계획을 구체적으로 명시합니다.
- 물리적/기술적 자원: 사무실, 서버, 핵심 기술 확보 및 지적재산권 관리 계획을 제시합니다.

▶ **성공 지표 및 평가**(Success Metrics & Evaluation): 사업의 성공을 객관적으로

측정하고 평가할 수 있는 핵심 성과 지표(KPI)를 설정하는 부분입니다. 이 지표들을 정기적으로 검토하고, 목표에 미달할 경우 어떤 조치를 취할 것인지도 함께 제시하여 사업의 신뢰도를 높입니다.

- 재무 지표: 매출액, 영업이익, 현금흐름, 고객당 평균 매출(ARPU) 등
- 고객 지표: 신규 고객 수, 고객 이탈률(Churn Rate), 고객 생애 가치(LTV) 등
- 제품/서비스 지표: 월간 활성 사용자(MAU), 일간 활성 사용자(DAU), 기능 사용률 등

## ⑩ 위험 요소 및 대응 전략

사업을 추진하며 발생할 수 있는 모든 잠재적 위험을 분석하고, 이에 대한 현실적인 대응 방안을 제시합니다.

▶ 내부/외부 위험 분석(Internal/External Risks): 사업 진행 과정에서 발생할 수 있는 잠재적 위험 요소(시장 변화, 경쟁 심화, 기술 문제, 법적 문제 등)를 분석합니다.

▶ 위험 대응 방안(Mitigation Strategies): 각 위험 요소에 대한 구체적인 대응 전략을 제시하여, 위험 관리 능력을 보여 줍니다. 시장, 기술, 경쟁, 재무 등 다양한 위험을 솔직하게 인식하고, 각 위험에 대한 구체적인 예방 및 대응 계획을 제시하여 사업의 안정성을 강조합니다.

# 2. IR 자료(투자제안서)

## ❶ IR Deck, 기획 의도 및 목적 등

| 구분 | IR 기획서(IR Deck) |
|---|---|
| 기획 의도 | 회사의 가치와 성장 잠재력을 투자자에게 효과적으로 설득하여 투자 자본을 유치하고 외부 자원 확보의 기반을 마련 |
| 사용 목적 | 투자 유치 발표 및 설명 자료, 잠재적 파트너십 구축 및 기업 홍보 자료 |
| 활용 대상 | 벤처캐피털(VC), 엔젤 투자자, 사모펀드(PEF) 등 재무적 투자자, 전략적 투자자(SI) |
| 기획 방향 | 비전 제시, 매력도, 성장 잠재력, 차별성 강조<br>'이 투자가 미래에 높은 수익률을 가져올 수 있는가?'에 초점 |
| 분량 | 발표용 자료 형태(PPT/Keynote), 10~20 슬라이드 내외(발표 시간 10~20분 기준), 핵심 요약 및 시각 자료 위주 |
| 기타 | 투자 유치 이후 투자 단계별 연속성에 필요한 자료로 보존 및 활용 |

## ❷ IR 슬라이드 기본 구성

| 제목 | 핵심 내용 요약 |
|---|---|
| ① 회사 소개 및 비전 | 기업 정체성, 창업 배경, 슬로건 |
| ② 문제 정의(Problem) | 고객의 Pain Point 명확화 |
| ③ 해결 방안(Solution) | 자사 제품/서비스의 해결 방법 |
| ④ 시장 분석(Market Analysis) | TAM, SAM, SOM, 산업 성장성 |
| ⑤ 비즈니스 모델(Business Model) | 수익 창출 방식, 확장 전략 |
| ⑥ 경쟁 우위(Competitive Advantage) | 경쟁 포지셔닝, 차별화 요소 |

| ⑦ 마케팅 및 판매 전략<br>(Marketing & Sales Strategy) | 고객 확보, 마케팅 채널, 판매 계획 |
|---|---|
| ⑧ 팀 소개(Team) | 창업자, 핵심 인력의 전문성 |
| ⑨ 재무 계획 및 마일스톤<br>(Financials & Milestones) | 예상 매출, 손익 추정, 조달 계획 |
| ⑩ 투자 제안(The Ask) | 투자 요청, 희망 지분율, 자금 사용 계획,<br>EXIT(IPO, M&A 등) |

## ① 회사 소개 및 비전

IR(Investor Relations) 자료는 투자자를 설득하기 위한 핵심 문서입니다. 다음은 투자 유치에 효과적인 IR 자료의 소목차에 기술할 내용입니다.

▶ 표지(Cover)

- 회사 로고, 회사명

- 슬로건

- 발표자 이름 및 연락처

- 발표일

- (선택) '대외비' 또는 'Confidential' 표기

## ② 문제 정의(Problem)

▶ 고객의 문제점: 고객이 겪는 어려움(Pain Point)을 명확하게 제시합니다.

▶ 시장 내 문제점: 현재 시장의 비효율성이나 해결되지 않은 부분을 설명합니다.

▶ 왜 이 문제가 중요한가: 문제의 심각성, 그리고 이것이 해결될 때의 시장 기회를 강조합니다.

③ 해결 방안(Solution)

- 우리의 해결책: 문제를 해결하기 위한 우리 제품/서비스의 핵심적인 가치를 한 문장으로 요약합니다.
- 제품/서비스 소개: 제품의 핵심 기능과 작동 방식을 간결하게 보여 줍니다.

④ 시장 분석(Market Analysis)

- 전체시장 규모(TAM): 우리가 진출할 수 있는 전체시장의 크기입니다.
- 유효시장 규모(SAM): 현실적으로 공략 가능한 시장의 크기입니다.
- 수익시장 규모(SOM): 현재 우리가 당장 수익을 낼 수 있는 시장의 크기입니다.
- 시장 트렌드: 시장의 성장가능성을 보여 주는 최신 동향을 제시합니다.

⑤ 비즈니스 모델(Business Model)

- 수익 모델: 어떻게 돈을 벌 것인가?(예: 구독료, 광고, 수수료, 판매 등)
- 가격 전략: 수익 모델에 따른 구체적인 가격 정책을 설명합니다.

⑥ 경쟁 우위(Competitive Advantage)

- 경쟁사 분석: 주요 경쟁사를 나열하고 그들의 강점과 약점을 파악합니다.
- 우리의 차별점: 경쟁사와 비교했을 때 우리가 가진 독점적인 강점(기술, 가격, 브랜드, 네트워크 효과 등)을 명확히 강조합니다.

⑦ 마케팅 및 판매 전략(Marketing & Sales Strategy)

- 고객 획득 전략: 초기 고객을 어떻게 확보할 것인가?
- 마케팅 채널: 어떤 채널을 통해 고객에게 접근할 것인가?(예: SNS, 콘텐츠 마케팅, 제휴 등)

➡ 판매 계획: 매출 목표 달성을 위한 구체적인 판매 전략을 제시합니다.

### ⑧ 팀 소개(Team)

➡ 핵심 팀원: 창업자 및 주요 팀원들의 이름, 역할, 그리고 관련 경험을 중심으로 소개합니다.

➡ 팀의 강점: 우리 팀이 왜 이 사업을 가장 잘 해낼 수 있는지에 대한 믿음을 줍니다.

### ⑨ 재무 계획 및 마일스톤(Financials & Milestones)

➡ 재무 목표: 3~5년간의 매출, 비용, 이익 추정치를 제시합니다.

➡ 핵심 마일스톤: 향후 1~2년간 달성하고자 하는 구체적인 목표와 일정을 보여 줍니다.(예: MVP 출시, 월 매출 1,000만 원 달성 등)

### ⑩ 투자 제안(The Ask)

➡ 요청 투자 금액: 필요한 자금의 규모를 명시합니다.

➡ 자금 사용 계획: 투자금을 어디에, 어떻게 사용할 것인지 구체적으로 설명합니다.

➡ Exit 전략: 투자자가 어떻게 수익을 회수할 수 있을지에 대한 계획(M&A, IPO 등)을 간략하게 제시합니다.

## 3. 피치 덱(Pitch Deck)

### ① 피치 덱 특징

➡ 10~15장 이내, 직관적이며 스토리텔링 중심

➡️ 복잡한 문장보다 도식화, 그래픽, KPI 수치 강조

➡️ 단순 나열이 아닌 투자자 관점의 흐름과 구조를 설계

### 요약

　피치 덱은 투자 유치를 위해 제작하는 핵심 발표 자료입니다. 투자자에게 짧은 시간 안에 기업의 핵심 정보를 효과적으로 전달하여 투자 결정을 유도하는 것을 목표로 합니다. 피치 덱의 주요 특징은 다음과 같습니다.

### 간결함과 명확성

　피치 덱의 가장 중요한 특징은 간결함입니다. 복잡한 내용을 장황하게 설명하기보다, 핵심만 요약하여 한눈에 들어오도록 구성해야 합니다. 일반적으로 10~15장 내외로 제작하며, 각 슬라이드는 하나의 메시지만을 전달하는 데 집중합니다.

### 스토리텔링 구조

　피치 덱은 단순한 정보 나열이 아닌, 설득력 있는 스토리텔링 구조를 가집니다. 투자자가 기업의 비전과 성장을 쉽게 이해하고 공감할 수 있도록 논리적인 흐름을 따라 구성합니다. 일반적인 순서는 다음과 같습니다.

➡️ 문제 정의(Problem): 우리가 해결하려는 문제가 무엇인가?

➡️ 솔루션(Solution): 우리의 제품/서비스가 어떻게 문제를 해결하는가?

➡️ 시장 규모(Market Size): 이 시장은 얼마나 큰가?

➡️ 경쟁 우위(Competitive Advantage): 경쟁사 대비 차별점은 무엇인가?

➡️ 비즈니스 모델(Business Model): 어떻게 돈을 벌 것인가?

- 팀 소개(Team): 왜 우리가 이 일을 할 수 있는가?

- 재무 예측(Financials): 향후 성장 전망은 어떠한가?

- 투자 제안(Ask): 얼마의 투자를 요청하며, 어떻게 사용할 것인가?

### 시각적 요소 강조

텍스트 위주의 사업계획서와 달리, 피치 덱은 시각적인 요소를 적극 활용합니다. 복잡한 데이터를 차트나 그래프로 시각화하고, 제품 이미지를 넣어 이해도를 높입니다. 디자인의 통일성을 유지하여 전문적인 인상을 주는 것도 중요합니다.

### 핵심 지표 집중

피치 덱은 투자자가 가장 궁금해하는 핵심 지표에 집중합니다. 단순히 매출액을 나열하는 것이 아니라, 월별 성장률(MRR), 고객 확보 비용(CAC), 고객 생애 가치(LTV) 등 기업의 성장 잠재력을 보여 주는 구체적인 지표를 제시해야 합니다.

### 발표자를 위한 보조 자료

피치 덱은 발표자가 구두로 설명할 내용을 보조하는 자료입니다. 따라서 모든 내용을 슬라이드에 담기보다는, 발표자가 이야기할 핵심 메시지를 담는 데 주력합니다. 간결하게 제작된 슬라이드와 발표자의 능숙한 설명이 결합될 때 최고의 효과를 발휘합니다.

## ❷ 설득 전략 포인트

| 요소 | 전략 키워드 |
| --- | --- |
| ① Pain Point | 공감 유도 → 왜 지금 이 문제를 해결해야 하는가? |
| ② 시장 규모 | 수치로 증명 → 얼마나 큰 시장인가? |
| ③ 기술/제품 | 핵심 기능 중심 → 어떻게 기존보다 더 나은가? |
| ④ 트랙션 | 증거 기반 → 실제 고객 반응, 성과가 있는가? |
| ⑤ 팀 구성 | 전문성과 실행력 강조 → 팀이 성공할 수 있는가? |
| ⑥ 투자 요청 | 구체적 조건 제시 → 얼마를 어떻게 사용할 것인가? |

### 요약

피치 덱 설득의 핵심은 투자자가 공감하고 신뢰할 수 있는 이야기를 만드는 것입니다. 제시하신 핵심 주제들을 바탕으로 각 항목을 어떻게 효과적으로 해설해야 할지 정리해 드립니다.

### ① Pain Point(문제점)

▶ 투자자의 공감 유도: 투자자가 "맞아, 이런 문제가 있었지!"라고 느낄 수 있도록 고객의 고통을 구체적이고 감정적으로 전달해야 합니다.

▶ 문제의 심각성: 현재 시장의 비효율성, 높은 비용, 복잡한 절차 등 이 문제가 얼마나 심각한지 데이터와 사례를 들어 증명합니다.

▶ 해결책과의 연결성: 제시하는 문제점이 다음 슬라이드에 나올 해결책으로 자연스럽게 이어져야 합니다.

### ③ 시장 규모

▶ 매력적인 시장: 우리가 해결하려는 문제가 얼마나 큰 시장에 존재하는지 보여 줍니다. TAM(전체시장), SAM(공략 가능한 시장), SOM(당장 확보 가능한 시장)을 명확히 제시해 시장의 잠재력을 설득합니다.

▶ 성장가능성: 시장이 얼마나 빠르게 성장하고 있는지, 그리고 이 시장에서 우리 회사가 어떻게 자리 잡을 것인지에 대한 청사진을 제시해야 합니다.

### ④ 기술5/제품

▶ 핵심 가치 전달: 제품의 복잡한 기술보다는 "이 제품이 고객의 문제를 어떻게 해결해 주는가?"라는 핵심 가치에 집중합니다.

▶ 시각적 자료 활용: 제품의 작동 방식, UI/UX, 데모 영상 등 시각적인 자료를 활용해 투자자의 이해를 돕고 흥미를 유발합니다.

▶ 경쟁 우위: 경쟁사 제품과 비교하여 우리 제품만의 독점적인 강점(특허, 기술력, 사용성 등)을 명확히 강조합니다.

### ⑤ 트랙션(Traction)

▶ 성장 증거 제시: 사업이 실제로 성장하고 있다는 객관적인 증거를 보여 주는 항목입니다.

▶ 핵심 지표: 사용자 수, 월 매출(MRR), 재구매율, 파트너십 체결 등 사업단계에 맞는 핵심 성과 지표(KPI)를 제시합니다.

▶ 성공의 시작점: 트랙션은 "이 사업이 성공할 가능성이 크다"는 믿음을 심어 주는 가장 중요한 부분입니다.

⑥ **팀 구성**

▶ 실행력과 전문성: 이 사업을 왜 우리 팀이 가장 잘 해낼 수 있는지 보여 줍니다. 팀원들의 관련 경력, 전문성, 그리고 팀 시너지를 강조합니다.

▶ 강력한 스토리: 단순히 경력을 나열하기보다는, '왜 이 팀이 모여 이 문제를 해결하려 하는가?'에 대한 스토리를 담아 설득력을 높입니다.

⑦ **투자 요청**(The Ask)

▶ 명확한 요청: 필요한 투자 금액과 사용처를 명확하고 구체적으로 제시합니다.

▶ 투자금의 효과: 투자금으로 무엇을 달성할 것인지(예: 제품 고도화로 6개월 내 사용자 10배 성장) 명확히 보여 줍니다.

▶ Exit 전략: 투자자들이 어떻게 수익을 회수할 수 있을지에 대한 계획(M&A, IPO 등)을 간략하게 제시하여 투자 결정의 확신을 줍니다.

## 4. 투자자 관점에서 체크 포인트

| 항목 | 투자자의 질문 |
| --- | --- |
| 시장성 | 시장의 크기는? |
| 차별성 | 경쟁사보다 더 잘할 수 있는가? |
| 실행력 | 과연 이 전략을 실현할 수 있는가? |
| 수익성 | 돈을 벌 수 있는 구조인가? |
| 회수가능성 | 언제, 어떻게 회수될 수 있는가? |

요약

 투자자가 바라보는 관심 사항이 무엇인지를 정확하게 간파하는 것은 매우 중요한 전략 중 하나입니다. 다음은 투자자의 필수적이지만 가장 핵심적인 공통 관심 사항입니다.

## 시장성

➡️ **시장의 크기와 성장성**: 투자자는 당신의 제품/서비스가 얼마나 큰 시장에서 얼마나 빠르게 성장할 수 있는지에 주목합니다. "우리 시장이 크다"고 말하는 것보다 TAM, SAM, SOM 같은 구체적인 수치를 제시하는 것이 중요합니다.

➡️ **타이밍**: 지금이 이 시장에 진출하기에 가장 적절한 시기인지 판단합니다. 시장이 너무 이르거나 이미 포화 상태는 아닌지 분석합니다.

## 차별성

➡️ **독점적 경쟁 우위**: 경쟁사와 명확히 구별되는 기술력, 브랜드, 비즈니스 모델 등을 통해 시장에서 독점적인 지위를 확보할 수 있는지에 관심을 둡니다.

➡️ **진입장벽**: 다른 기업들이 쉽게 모방할 수 없는 특허, 기술, 네트워크 효과 등 강력한 진입장벽이 있는지 확인합니다.

## 실행력

➡️ **팀의 역량**: 투자자들은 아이디어보다 팀에 투자합니다. 창업자와 팀원들이 이 사업을 성공시킬 수 있는 경험, 전문성, 그리고 열정을 가졌는지 자세히 평가합니다.

➡️ **트랙션(Traction)**: 아이디어가 실제 성과로 이어지고 있는지 확인합니다. 사용

자 수, 매출, 고객 증가율 등 객관적인 지표를 통해 팀의 실행력을 증명해야 합니다.

### 수익성

- 수익 모델의 타당성: 사업 모델이 현실적으로 돈을 벌 수 있는 구조인지 분석합니다. 고객당 평균 매출(ARPU), 고객 획득 비용(CAC), 고객 생애 가치(LTV) 등을 통해 수익성이 충분한지 판단합니다.
- 손익분기점: 언제쯤 비용을 넘어서 순이익을 낼 수 있을지, 재무 계획의 현실성에 주목합니다.

### 회수가능성

- Exit 전략: 투자자는 결국 투자금을 어떻게 회수할 수 있을지에 가장 큰 관심을 둡니다. M&A(인수합병) 또는 IPO(기업공개)와 같은 구체적인 회수 계획을 제시해야 합니다.
- 기업 가치 상승 시나리오: 제시된 투자금을 통해 기업 가치를 어떻게 얼마나 성장시킬 것인지, 그리고 그 성장을 바탕으로 향후 더 큰 규모의 투자를 유치할 수 있는지에 대한 계획을 검토합니다.

## 5. 실무 팁 & 주의 사항

- 숫자, 그래프, 사용자 데이터 등 객관적 지표 활용
- 장표 1장당 메시지 1개 원칙
- 너무 많은 정보보다는 핵심 요지 압축

➡ 시각적으로 정돈된 디자인(폰트, 정렬, 색상 일관성 유지)

➡ 피칭 시간 기준 10~15분 분량, 말로 보완할 수 있는 수준으로 구성

➡ 투자자 미팅 시 자세와 태도

➡ 예방 가능한 실수

## ① 성공적인 피칭을 위한 대표자(담당자 실무 팁

### 스토리텔링에 집중하기

➡ 스토리의 힘: 단순히 정보를 나열하는 대신, '문제점 → 해결책 → 우리의 성장'으로 이어지는 한 편의 드라마 같은 스토리를 만드세요. 왜 이 사업을 시작했는지, 어떤 어려움을 겪었고 어떻게 극복했는지에 대한 진정성 있는 스토리는 투자자의 감정을 움직입니다.

➡ 간결하고 명확하게: 전문 용어는 최소화하고, 누구나 이해할 수 있는 언어로 설명합니다. 핵심 메시지는 반복하여 각인시키는 것이 효과적입니다.

### 투자자 관점에서 생각하기

➡ 관심사 파악: 투자자의 관심사는 수익성, 성장성, 회수가능성입니다. 이 세 가지가 어떻게 충족되는지 피칭에 녹여내야 합니다.

➡ Q&A 준비: 피칭 후 예상 질문 리스트를 만들고 답변을 미리 준비합니다. 특히 '약점'에 대한 질문(예: 경쟁사 진입장벽, 수익성 문제 등)에 대해 솔직하고 구체적인 대응 방안을 제시하면 신뢰를 얻을 수 있습니다.

### 자료를 완벽하게 준비하기

➡ 피치 덱은 핵심만: 발표용 피치 덱에는 슬라이드당 한 가지 메시지만 담고,

텍스트는 최소화하며 시각 자료를 적극적으로 활용합니다.

➡ 보충 자료: 피치 덱에는 담지 않았지만, 투자자가 요청할 수 있는 상세한 사업계획서, 재무 모델, 시장 조사 보고서 등은 별도로 준비해 두는 것이 좋습니다.

## 자신감과 열정을 보여 주기

➡ 진정성 있는 태도: 제품에 대한 깊은 이해와 사업에 대한 확신을 보여 줍니다. 목소리 톤과 제스처를 활용해 에너지를 전달하면 투자자에게 긍정적인 인상을 남길 수 있습니다.

➡ 연습 또 연습: 완벽한 피칭은 수많은 연습에서 나옵니다. 시간을 재고, 동료 앞에서 발표하며 피드백을 받는 과정을 반복합니다.

<피치 덱 주의 사항 요약>

| 키워드 | 피칭에서의 의미 | 주의해야 할 점 |
|---|---|---|
| Pain Point | 고객의 고통 | 추상적인 문제보다 '어떤 불편함'인지 구체적으로 설명해야 |
| Traction | 성장 증거 | '곧 시작할 예정'보다는 이미 발생한 '현재의 성과(매출, 사용자 수)'를 강조 |
| TAM, SAM, SOM | 시장 규모 | 막연한 시장 규모가 아닌, 우리 회사가 현실적으로 공략할 수 있는 시장을 구체적으로 제시 |
| Exit Strategy | 투자금 회수 방안 | 단순히 'IPO'라고 말하기보다 어떤 기업에게 인수될 수 있는지 등 구체적인 시나리오를 제시 |
| Team | 팀의 역량 | '열정적인 팀'이라는 추상적 표현보다 '우리가 왜 이 문제를 가장 잘 해결할 수 있는지'에 대한 논리적 근거를 제시 |

## ② 투자 유치 제안에서 실수하는 핵심 키워드

### 유니콘 / 글로벌 1위

▶ 문제점: 과도한 낙관론으로 비현실적으로 들릴 수 있습니다. 투자자는 꿈보다 현실적인 성장 계획을 원합니다.

▶ 개선 방안: "3년 내 시장 점유율 10% 달성 후, 5년 내 경쟁사 인수 또는 IPO를 통해 시장 전체 선두에 서겠습니다."와 같이 구체적이고 측정할 수 있는 목표를 제시합니다.

### 독점적 기술력

▶ 문제점: '기술력'이라는 단어만으로는 충분하지 않습니다. 특허 등 증거가 없다면 투자자는 그저 주장이라고 생각할 수 있습니다.

▶ 개선 방안: "특허출원 중인 A 기술을 통해 경쟁사 대비 30% 빠른 데이터 처리 속도를 확보했습니다."와 같이 기술의 구체적인 내용과 그로 인한 경쟁 우위를 명확히 설명합니다.

### 경쟁사 없음

▶ 문제점: 시장 분석이 부족해 보이거나, 시장 자체가 존재하지 않는다는 인상을 줄 수 있습니다. 모든 시장에는 직간접적인 경쟁자가 존재합니다.

▶ 개선 방안: "기존 시장은 A 기업이 점유하고 있지만, 우리는 틈새시장인 B 분야를 공략하여 시장을 확장하겠습니다."처럼 경쟁 환경을 정확히 인식하고, 우리의 포지셔닝을 설명해야 합니다.

➡️ 문제점: '인맥'은 사업의 핵심 역량이나 지속할 수 있는 경쟁 우위로 보기 어렵습니다.

➡️ 개선 방안: "기존 네트워크를 활용해 주요 고객사 다섯 곳과 베타테스트 계약을 완료했으며, 3개월 내 정식 계약으로 전환할 계획입니다."와 같이 '인맥'을 통해 달성한 구체적인 성과로 풀어내야 합니다.

### 아이디어만으로 충분

➡️ 문제점: 아이디어는 누구나 가질 수 있습니다. 투자자는 아이디어보다 실행력과 구체적인 성과에 투자합니다.

➡️ 개선 방안: "아이디어를 검증하기 위해 MVP를 출시해 3개월 만에 사용자 1만 명을 확보했습니다. 이제 이 데이터를 바탕으로 본격적인 사업 확장에 나설 계획입니다."와 같이 트랙션(Traction)을 통해 증명하세요.

## ❸ 투자자 미팅에서의 자세와 태도

투자자 미팅에서의 자세와 태도는 당신의 사업만큼이나 중요합니다. 성공적인 미팅을 위한 핵심적인 태도와 자세는, 귀사를 향한 첫인상이자 투자 의지를 결정하는 중요한 요소임을 아무리 강조해도 지나치지 않습니다.

### 자신감 있는 전문가의 모습

➡️ 진정성 있는 열정: 당신이 왜 이 사업에 모든 것을 걸었는지, 왜 이 문제가 해결되어야 하는지 진심으로 보여 줍니다. 열정은 투자자의 마음을 움직이는

가장 강력한 무기입니다.

➡️ **전문성 있는 태도:** 하고자 하는 사업과 시장에 대한 깊이 있는 이해를 바탕으로 논리적이고 명확하게 설명합니다. 투자자의 질문에 막힘없이 답변하며 전문가로서의 신뢰를 보여 주는 것이 중요합니다. 모르는 질문이 나오면 솔직하게 인정하고, "확인 후 다시 말씀드리겠습니다."라고 답하는 것도 좋은 태도입니다.

### 투명하고 솔직한 태도

➡️ **약점도 솔직하게:** 사업의 약점이나 위험 요소를 숨기려 하지 말고, 오히려 "이러한 위험이 있지만, 우리는 이렇게 해결할 계획입니다."라고 솔직하게 제시하는 것이 더 큰 신뢰를 줍니다. 투자자는 완벽한 사업이 아닌, 약점을 알고 잘 대응하는 팀을 찾습니다.

➡️ **현실적인 목표:** 과장된 예측이나 비현실적인 목표는 피합니다. 구체적인 근거를 바탕으로 현실적인 성장 목표를 제시하고, 그 목표를 달성하기 위한 구체적인 계획을 설명해야 합니다.

### 경청과 상호 존중

➡️ **경청하는 자세:** 투자자의 질문과 피드백을 경청해야 합니다. 그들의 질문은 사업의 맹점을 파악하는 데 큰 도움이 되니, 질문을 단순히 방어해야 할 대상으로 여기지 말고, 소중한 조언으로 받아들이는 긍정적인 태도도 필요합니다.

➡️ **상호 존중:** 미팅 시간은 투자자에게도 중요한 자원입니다. 그러므로 시간을 철저히 지키고, 미리 준비된 자료를 통해 시간을 효율적으로 사용해야 합니다. 피드백을 들을 때 부정적인 반응을 보이기보다, "좋은 지적 감사합니다. 저희도 그 부분을 고민하고 있었습니다."와 같이 긍정적으로 공감적이고 겸

손한 자세로 소통하는 것도 중요합니다.

### 미팅 전후의 철저한 준비

▶ 사전 준비: 투자자 미팅 전에 상대방 투자사의 포트폴리오, 투자 철학, 그리고 담당 심사역의 전문 분야를 미리 파악합니다. 이는 맞춤형 대화를 가능하게 하고, 미팅의 효율성을 높입니다.

▶ 미팅 후 팔로업: 미팅이 끝난 후에는 감사의 인사와 함께 미팅에서 논의했던 핵심 내용을 요약하고, 추가로 요청받은 자료를 신속하게 전달합니다. 이는 당신의 실행력을 보여 주는 중요한 기회입니다.

## ④ 투자자 미팅 시 피해야 할 실수

### "고객은 모두 우리 제품을 원한다."

▶ 문제점: 시장의 모든 사람을 잠재 고객으로 보는 것은 특정 타깃층에 대한 이해가 부족하다는 인상을 줍니다.

▶ 개선 방안: "20대 여성 중에서도 패션에 관심이 많은 층을 핵심 타깃으로 설정하고, 이들의 문제를 해결하는 데 집중했습니다."처럼 구체적인 고객 페르소나를 설정하고 그들의 니즈를 충족시키는 방안을 제시해야 합니다.

### "마케팅은 나중에 생각해도 된다."

▶ 문제점: 좋은 제품만 있으면 고객이 알아서 찾아온다는 안일한 생각은 투자자에게 사업의 성장가능성에 대한 의문을 품게 합니다.

▶ 개선 방안: "제품 출시 후 3개월간 인스타그램 인플루언서 마케팅을 통해 1만 명의 초기 사용자를 확보하고, 이후 콘텐츠 마케팅으로 전환해 고객 획득

비용(CAC)을 낮출 계획입니다."와 같이 단계별 마케팅 및 세일즈 전략을 구체적으로 제시해야 합니다.

### "경쟁사는 우리의 기술을 모방할 수 없다."

➡ 문제점: 아무리 뛰어난 기술이라도 언젠가는 모방할 수 있습니다. 기술 자체보다 지속할 수 있는 경쟁 우위를 구축하는 것이 더 중요합니다.

➡ 개선 방안: "특허 기술 외에도, 사용자 데이터가 쌓일수록 제품의 성능이 향상되는 네트워크 효과를 통해 후발 주자와의 격차를 벌릴 것입니다."처럼 모방하기 어려운 무형의 자산을 강조해야 합니다.

### "투자금만 있으면 모든 것이 해결된다."

➡ 문제점: 투자금을 만능 해결책으로 여기는 태도는 재무 계획에 대한 깊은 고민이 부족하다는 인상을 줍니다.

➡ 개선 방안: "투자금 10억 중 7억은 인건비와 개발비에, 3억은 초기 마케팅 비용에 사용할 계획이며, 이를 통해 12개월 이내에 월 매출 5,000만 원을 달성하겠습니다."와 같이 투자금의 구체적인 사용처와 그로 인한 기대 효과를 연결하여 설명해야 합니다.

## Chapter 7

# 딜 소싱
## (Deal Sourcing)

# 1. 딜 소싱이란?

## ① 딜 소싱 정의

딜 소싱(Deal Sourcing)이란, 투자자(VC, PE, CVC 등)가 유망한 투자처(기업)를 발굴하고 확보하는 활동을 의미합니다. 반대로, 기업으로서는 적합한 투자자를 찾고 연결되는 과정으로 이해할 수 있습니다.

## ② 목적

- 경쟁 우위 확보: 비공개(Off-market) 딜을 선점하여 유리한 조건 확보
- 투자성과 극대화: 성장성과 수익성이 높은 기회를 선별
- 리스크 최소화: 시장·재무·법률 리스크를 사전 점검

# 2. 투자자의 딜 소싱 채널

## ① 네트워크 기반 채널

- 동문·업계 인맥·전문가 그룹을 활용하여 직접 정보 확보
- 장점: 신뢰도 높은 기회 / 단점: 네트워크 관리 지속 필요

## ② 엑셀러레이터

▶ 장점: 졸업 기업 대상으로 VC 연결, 초기 스타트업 발굴

▶ 단점: 후속 라운드 연계 한계 가능

## ③ 창업 지원 기관

▶ 정부 경진대회, TIPS, 중진공 IR 등 공공 기반 투자 연계

▶ 장점: 신뢰성과 지원 혜택 / 단점: 절차와 일정 제약

## ④ 브로커·자문사

▶ M&A 자문사, 회계법인, 로펌을 통한 고급 네트워크 접근

▶ 장점: 전문 검증 / 단점: 수수료·비용 부담

## ⑤ 데이터·플랫폼

▶ TheVC, Crunchbase, PitchBook, RocketPunch, 넥스트유니콘 등 활용

▶ 장점: 신속한 시장·기업 데이터 확보 / 단점: 최신성·정확성 검증 필요

## ⑥ 직접 발굴(Outbound)

▶ 콜드콜·이메일·현장 방문, 산업 행사 참가

▶ 장점: 타깃 맞춤 접촉 가능 / 단점: 응답률·성사율 관리 필요

| 채널 | 활용 전략 |
| --- | --- |
| 엑셀러레이터 | 졸업 기업 대상으로 VC 추천 연계 가능 |
| 창업 지원 기관 | 정부 주관 창업경진대회, TIPS 연계 기관,<br>중진공 IR 프로그램 등 |
| 컨설팅사/로펌 | 고급 네트워크 접근 가능(M&A, VC 추천) |
| 직접 이메일 | 투자사 담당 파트너에게 간결한 투자 유치 제안서 송부<br>(핵심 메시지) |
| 링크드인/네트워크 | 투자 심사역 개인 프로필 타깃팅, 커뮤니티 및<br>포트폴리오 기반 접촉 |
| TheVC | 한국형 벤처 투자 데이터베이스 / 투자사별 펀드, 투자 이력 열람 가능 |
| Crunchbase | 글로벌 스타트업/투자사 정보 검색 / 해외 진출용 벤처 소싱에도 활용 |
| RocketPunch | 기업 및 인재 네트워크, 투자 유치 기업 필터링 가능 |
| 넥스트유니콘 | IR 등록 후 VC 매칭 / 온라인 데모데이 및 실시간 피드백 기능<br>포함 |
| DART | 상장 전후 IR 자료, 기업 공시 분석 |

## 3. 투자자가 선호하는 딜 특성

### ❶ 시장성(Market)

▶ 성장 중인 시장, 선도 가능성, 경쟁 강도가 적정한 분야

### ❷ 제품 완성도(Product)

▶ MVP 이상, 사용자 반응·시장 적합성(Product-Market Fit) 입증

### ③ 팀 역량(Team)

➡ 창업자 리더십, 업계 경험, 기술·영업 균형

### ④ Exit 전략(Exit)

➡ IPO·M&A 가능성, 유사 성공 사례 존재

### ⑤ IR 준비도

➡ IR Deck·재무 자료·주주구성표 완비, 데이터 기반 스토리텔링 가능

<딜 소싱 특성>

| 투자 매력 포인트 | 구체 조건 |
|---|---|
| 시장성(Market) | 빠르게 성장 중인 시장 / 경쟁사 수는 있지만, 선도 여지가 있음 |
| 제품 완성도(Product) | MVP 이상 / 사용자 반응 입증 / 고객 확보 초기 트랙션 존재 |
| 팀 역량(Team) | 핵심 창업자 + 업계 경험자 / 기술 및 영업 밸런스 보유 |
| 회수 전략(Exit) | IPO 가능성, M&A 시장 존재 / 이전 Exit 사례 참고 가능 |
| IR 준비도 | 투자제안서(IR Deck), 재무 자료, 주주구성표 등 기본 자료 구비 완료 |

# **4.** 기업 관점
### – 투자 기관 선택 전략

## ① 기관 성격과 투자 목적 분석

▶ VC, CVC, 임팩트·정책형 펀드 등 기관 유형별 투자 목적 파악
- VC: 성장성과 Exit 중심
- CVC: 전략 시너지 중심

## ② 투자 단계·규모 적합성 확인

▶ 기관 펀드 규모·평균 투자 금액이 자금 계획과 맞는지 검토

## ③ 업종 전문성과 지원 역량

▶ 해당 산업 투자 경험과 네트워크·멘토링 제공 가능성 확인

## ④ 과거 투자 이력 분석

▶ 최근 투자 기업, 후속 투자·Exit 사례를 통한 장기 지원 가능성 평가

## ⑤ 조건·관계 스타일 검증

▶ 지분율, 우선주 조건, 경영 참여 범위 등 협상 유연성 검토

➡️ 장기 성장 파트너인지 단기 수익 중심인지 구분


## ⑥ 딜 소싱 프로세스

### 1단계 - 시장·산업 분석

우리 기업이 가장 유리하게 투자 유치를 진행할 수 있는 산업·세부 시장을 선정하도록 합니다.


➡️ 산업 성장률, 시장 규모, 경쟁 구조, 진입장벽 분석

➡️ 규제·정책 변화와 투자 트렌드 파악

➡️ 최근 M&A·투자 사례와 밸류에이션 수준 확인

➡️ 글로벌 동향·신기술 적용 가능성 검토


### 2단계 - 타겟 리스트 작성

잠재 투자·협력 후보군을 체계적으로 확보합니다.


➡️ 기업 선정 기준: 매출 규모, 영업이익률, 성장률, 시장 점유율

➡️ 재무건전성: 부채비율, 현금흐름, EBITDA 등

➡️ 기술 경쟁력: 특허, R&D 투자비율, 제품 차별성

➡️ 경영진 역량, 조직 문화

➡️ 내부 DB와 외부 정보원(TheVC, Crunchbase, KOTRA 등) 활용


### 3단계 - 초기 접촉 및 관심 확인

투자자의 관심도와 협상 가능성을 빠르게 확인합니다.

▶ 네트워크 소개, 산업 행사 1차 미팅

▶ 콜드콜·이메일로 직접 어프로치

▶ 투자 목적·조건 개략(概略) 설명

▶ NDA(비밀유지계약) 체결로 정보 교환 기반 마련

▶ 투자자의 투자 유치 의사 및 일정 검토

## 4단계 - 예비 실사(Pre-Due Diligence)

본격 협상 전 핵심 리스크와 투자 적합성을 사전 점검이 필요합니다.

▶ 재무·회계: 최근 3~5년 재무제표, 부채·자본 구조

▶ 법률: 소송·분쟁 현황, 지식재산권 상태

▶ 사업: 주요 매출원, 고객 구성, 계약 지속성

▶ 시장: 경쟁사 비교, 시장 포지셔닝

▶ 규제: 환경·노동·안전 규제 준수 여부

▶ 식별된 리스크에 기반한 가격·조건 전략 초안 수립

## 5단계 - 본 협상 및 체결

거래 조건을 구체화하고 계약을 마무리합니다.

▶ 거래 구조 설계: 주식매매(SPA), 자산매매(APA), 지분율, 결제 조건

▶ 가격 협상: 밸류에이션, Earn-out, 조건부 지급 구조

▶ 본 실사(Due Diligence) 실행: 재무, 세무, 법률, 기술, 환경 전 영역

▶ 계약서 작성·검토(변호사·회계사 참여)

▶ 클로징(Closing) 및 사후 통합(PMI) 계획 수립

투자자와 장기적 신뢰 관계를 유지하며 후속 라운드 기회를 확보해야 합니다.

➡️ 정기 보고: 경영 실적, 성과 지표, 주요 이슈 공유

➡️ 후속 투자 가능성 탐색

➡️ 네트워크 확장 및 협력사업 발굴

# 5. 기업 관점
## – 딜 소싱 전략 5가지

### ① 정확한 타기팅

➡️ 업종·단계·투자 논리에 부합하는 기관만 선정, 우선순위화

### ② 핵심 자료 준비

➡️ IR Deck, One-Pager, 기업 가치 시뮬레이션, 예상 Q&A 완비

### ③ 커뮤니케이션 설계

➡️ 문제 → 솔루션 → 시장 → 경쟁력 → Exit → 요청 금액 구조

➡️ 1분 엘리베이터 피치와 상세 IR 자료 모두 준비

## ④ 피드백 반영

➡ 투자 미팅 후 받은 의견·질문을 다음 피칭에 즉시 반영


## ⑤ 다중 채널 운영

➡ 직접 제안, 네트워크 소개, 공공 IR 프로그램 병행

➡ 채널별 KPI 관리, 성과 높은 채널에 집중 투자

➡ 1분 엘리베이터 피치 문구(예시 템플릿)


**기본 구조(5단계)**

➡ 문제 제기(Problem)

➡ 솔루션 설명(Solution)

➡ 시장 규모와 기회(Market)

➡ 차별화된 경쟁력(Why Us)

➡ 요청 사항 또는 목적(Ask)


**[예시 ①] AI 기반 SaaS 스타트업**

"기업들은 고객 데이터를 수집하고도 제대로 활용하지 못해 마케팅 ROI가 30% 이상 손실되고 있습니다. 저희는 AI 기반 퍼스널라이징 SaaS 솔루션으로, 고객 행동을 분석해 자동으로 맞춤형 메시지를 제공하는 서비스를 운영 중입니다. 출시 6개월 만에 유료 고객 70개사를 확보했고, 국내 퍼스널라이징 마케팅 시장은 2,000억 원 이상 규모로 매년 15% 이상 성장 중입니다. 기존 솔루션 대비 3배 빠른 도입 속도와 25%

이상의 전환율 향상 효과로 강한 반응을 얻고 있습니다. 저희는 이번 시드 라운드에서 10억 원을 유치하여 기술 고도화와 글로벌 진출 기반을 마련하고자 합니다."



"고혈압과 당뇨 같은 만성질환 환자 70% 이상이 정기 관리를 받지 못해 의료비 부담이 증가하고 있습니다. 저희는 스마트폰 기반의 디지털 헬스케어 솔루션으로 환자의 상태를 원격 모니터링하고, 의료진과 실시간 연동해 맞춤형 관리 서비스를 제공합니다.

현재 대형 병원 3곳과 시범 운영 중이며, 월 재진율은 90%를 기록하고 있습니다. 만성질환 관리 시장은 국내만 3조 원 이상이며, 고령화와 맞물려 급속히 확대되고 있습니다. 저희는 Pre-A 라운드에서 20억 원을 조달하여 보험청구 연동 서비스 확장과 의료기관 제휴 확대에 활용할 계획입니다."



"전 세계적으로 K-콘텐츠에 대한 수요는 증가하고 있지만, 제작자들이 IP를 수익화할 수 있는 구조는 여전히 제한적입니다. 저희는 웹툰, 음악, 영상 등 창작자들이 IP를 쉽게 NFT로 만들고 글로벌 유통할 수 있는 플랫폼을 개발 중입니다.

이미 1,200여 명의 창작자가 참여 중이며, 매월 50% 이상 사용자가 증가하고 있습니다. 플랫폼 기반 확장이 가능하고, 동남아 시장을 중심으로 한 K-콘텐츠 팬덤을 적극 연결하고 있습니다.

현재 Pre-A 투자 유치 중이며, 15억 원 규모의 자금으로 서비스 고도화 및 글로벌 론칭에 나설 계획입니다."



➡ '고객 문제'는 숫자 기반(Pain Point + 손실 또는 비효율)으로 강조

➡ '솔루션'은 기술/서비스의 핵심 가치를 한 문장으로 압축

➡ '시장'은 규모 + 성장성 언급(숫자와 연도 포함 시 더 신뢰감 있음)

➡ '경쟁력'은 차별 포인트 또는 트랙션 수치로 표현

➡ '요청 사항'은 금액 + 사용처(명확하게)

## Chapter 8

# Due Diligence

# 1. Due Diligence란?

투자는 본질적으로 불확실성이 따르는 의사결정 과정입니다. 많은 투자자가 좋은 기업을 찾아 투자하기를 원하지만, 표면적으로 드러나는 정보만을 신뢰하여 투자 결정을 내렸다가 예상치 못한 손실을 경험하는 경우가 적지 않습니다.

그렇다면 성공적인 투자를 위해서는 어떤 준비가 필요할까요? 핵심은 바로 체계적인 검증 과정, 즉 실사(Due Diligence)를 수행하는 것입니다.

실사란 투자 대상 기업에 대한 종합적인 조사와 분석을 의미합니다. 단순히 재무제표를 살펴보는 것을 넘어, 해당 기업의 사업 구조, 경영진의 전문성, 시장에서의 위치, 관련 법규 준수 여부, 그리고 잠재적인 위험 요소들까지 자세히 검토하는 과정입니다. 이러한 철저한 실사 과정을 통해 투자자는 더 충분한 정보에 기반한 합리적인 투자 결정을 내릴 수 있게 됩니다.

투자·M&A·자금 조달 과정에서 대상 기업의 재무, 법률, 사업, 운영, 시장 등 전반을 면밀히 검토·분석하여 가치와 리스크를 평가하는 절차입니다.

투자자에게는 리스크 관리와 합리적 의사결정 도구가 되며, 기업에게는 신뢰 확보와 밸류에이션 방어수단이 됩니다.

# 2. 누가, 언제, 어떻게 수행하나요?

▶ 누가: 주로 투자자(VC, PE, CVC)와 그가 지정한 외부 전문가(회계법인, 로펌, 기술평가기관 등)가 수행

➡ 언제: 투자 계약 전, 보통 Term Sheet 체결 이후 본격적으로 진행

➡ 어떻게: 자료 요청서(DD Checklist) 발송 → 자료 제출 → 현장 실사·인터뷰 → 보고서 작성 → 협상 반영 순으로 진행

## 3. Due Diligence의 종류

➡ 재무 실사: 재무제표, 자산·부채, 수익·비용 구조를 검토

➡ 법률 실사: 계약, 지분 구조, 지식재산권, 소송·분쟁 현황을 확인

➡ 세무 실사: 세금 신고·납부 내역, 잠재 세무 리스크를 점검

➡ 기술 실사: 제품·서비스 기술 수준, 특허, R&D 역량을 검토

➡ 사업·시장 실사: 비즈니스 모델, 시장 규모·성장성, 경쟁 환경을 분석

➡ 인사·조직 실사: 조직 구조, 인사 제도, 핵심 인력 유지 가능성을 평가

## 4. 투자 단계별 Due Diligence 전략

➡ Seed/Pre-A 단계: 창업자 역량, 아이템의 실현 가능성, 초기 시장 반응을 중심으로 평가

➡ Series A~B 단계: 매출 성장성, 제품 완성도, 시장 확장 계획을 검증

➡ Later Stage/Pre-IPO 단계: 재무안정성, 법률·지배구조, IPO 적합성을 평가

➡ 단계가 올라갈수록 재무·법률·세무 검증 강도와 자료 요구 수준이 높아짐

➡ 자료 준비 선행: 투자자 요청 전, 필요한 모든 자료를 정리해 신속히 대응

➡ 투명성 유지: 숨기기보다 리스크를 정확히 공개하고 개선 방안 제시

➡ 내부 담당자 지정: 자료 제출·질의응답·일정 조율의 총괄 창구를 지정

➡ 투자자 관점 이해: 실사의 목적은 '가치 확인 + 리스크 최소화'임을 인식

➡ 시간·비용 관리: 실사는 평균 4~8주가 소요되므로 자원을 적절히 배분

**<Due Diligence의 목적>**

| 구분 | 내용 |
| --- | --- |
| 투자 리스크 감소 | 예상치 못한 법적 문제나 재무적 부실을 사전에 파악하여 손실을 방지 |
| 기업 가치 평가 | 기업의 재무안정성과 성장가능성을 객관적으로 분석하여 투자타당성을 검토 |
| 투자 협상력 확보 | 기업의 실제 가치를 평가하여 투자 조건 및 가격 협상에 활용 |
| 합병 후 통합 계획 (PMI:Post-Merger Integration) | M&A 이후 통합 과정을 원활하게 진행하기 위한 사전 분석 수행 |

**<실사 과정 단계별 중요도>**

| 항목 | 초기 | 중기 | 후기 |
| --- | --- | --- | --- |
| 창업자 역량 | ★★★★☆ | ★★☆☆☆ | ☆☆☆☆☆ |
| 시장 검증 | ★★★★☆ | ★★★★☆ | ★★☆☆☆ |
| 재무 체계 | ★☆☆☆☆ | ★★★☆☆ | ★★★★★ |
| 계약/법률 리스크 | ★☆☆☆☆ | ★★☆☆☆ | ★★★★★ |
| Exit 전략 | ☆☆☆☆☆ | ★★★☆☆ | ★★★★★ |

**요약**

실사(Due Diligence)는 단순히 리스크를 회피하기 위한 절차를 넘어, 투자와 M&A, IPO, 기술 이전 등 중요한 기업 활동에서 정보에 기반한 합리적 의사결정을 가능하게 하는 핵심 인프라입니다.

투자자에게 실사는 숨겨진 리스크를 식별하고, 기대했던 사업 기회의 실현 가능성을 재확인하며, 이를 계약 구조와 거래 가격에 전략적으로 반영할 수 있는 중요한 도구입니다. 동시에 기업에게는 투명성과 신뢰성을 확보하여 투자 유치 가능성을 높이는 기회가 됩니다.

궁극적으로 실사는 투자 생태계 전체의 투명성과 신뢰성을 높이는 데 이바지합니다. 투자는 운이 아니라 철저한 준비가 성공을 좌우하는 영역입니다. 체계적인 실사를 통해 투자는 단순한 도박이 아닌 전략적 판단이 되며, 이를 통해 투자자와 기업 모두가 상호 이익을 추구할 수 있는 건전한 투자 문화가 조성되어야 합니다.

# Valuation 전략

# 1. Valuation이란?

## ❶ 정의

Valuation은 기업의 가치를 금액으로 산정하는 과정을 의미합니다. 투자, 인수·합병(M&A), IPO, 지분 거래 등 다양한 상황에서 합리적 의사결정을 위한 핵심 지표가 됩니다. 그러므로 이것은 단순한 숫자 산정이 아니라, 기업의 현재 성과와 미래 성장가능성을 종합적으로 평가하는 절차입니다.

## ❷ 목적

▶ 투자자에게는 합리적 투자 판단 근거를 제공

▶ 기업에게는 자본 조달 시 협상력을 높이는 수단

▶ IPO나 M&A에서는 가격 결정과 거래 구조 설계의 기준

# 2. Valuation의 주요 방법론

## ❶ 수익접근법

▶ 미래 예상 현금흐름을 현재 가치로 환산하여 기업 가치를 산정하는 방법입니다.

▶ 대표적으로 DCF(Discounted Cash Flow) 방식이 사용됩니다.

▶ 장점은 성장성이 반영된다는 점이며, 단점은 추정치의 불확실성이 크다는 점입니다.

## ② 시장 접근법

유사 기업의 시장 가치나 과거 거래사례를 비교하여 가치를 산정합니다. P/E, EV/EBITDA, P/S 등의 멀티플(Multiple)을 활용하는데, 장점은 이해가 쉽고 시장 상황이 반영되지만, 비교 대상의 선정이 중요합니다.

## ③ 자산접근법

➡ 기업이 보유한 자산의 장부 가치 또는 조정 가치를 기준으로 산정합니다.

➡ 청산 가치, 순자산 가치 등이 포함됩니다.

➡ 안정적인 기준을 제공하지만, 무형자산과 성장성을 반영하기 어렵습니다.

# 3. Valuation에 영향을 미치는 핵심 요인

## ① 재무안정성과 성장성

➡ 부채비율, 현금흐름, 이익 안정성 등 재무 구조가 건전해야 합니다.

➡ 높은 매출성장률과 시장 확장성은 밸류에이션 프리미엄을 높입니다.

## ② 시장 규모와 점유율 확대 가능성

➡ TAM(총 시장 규모), SAM(세분 시장 규모), SOM(점유 가능한 시장)을 분석합니다.

➡ 성장성이 큰 시장에서 점유율 확대 가능성이 높을수록 평가가 높아집니다.

### ❸ 경쟁 우위와 기술·IP 가치

⏩ 특허, 기술 장벽, 브랜드 파워 등 진입장벽 요소를 평가합니다.

⏩ 지속 가능한 경쟁 우위는 장기 가치를 보장합니다.


### ❹ 경영진 역량과 조직 경쟁력

⏩ CEO와 핵심 인력의 경험, 업계 전문성, 실행력을 평가합니다.

⏩ 조직문화와 인재 유지율도 중요합니다.


## 4. 투자 단계별 Valuation 전략

### ❶ Seed/Pre-A 단계

⏩ 재무 실적보다 아이템의 혁신성, 창업팀 역량, 초기 시장 반응에 중점을 둡니다.

⏩ 밸류에이션은 주로 시장 잠재력과 기술 차별성에 기반하여 산정됩니다.


### ❷ Series A~B 단계

⏩ 매출성장률, 제품 완성도, 시장 점유율 확대 가능성을 강조합니다.

⏩ IR 자료에는 성장 궤적과 중장기 계획을 구체적으로 반영해야 합니다.

## ③ Later Stage/Pre-IPO 단계

➡️ 안정적인 수익성, 재무건전성, IPO 적합성을 강조합니다.

➡️ 시장 평균 대비 프리미엄 근거를 확보해야 합니다.

# 5. Valuation 협상 및 활용 전략

## ① 협상 준비

➡️ 내부적으로 최소 수용 밸류에이션과 목표 밸류에이션을 설정합니다.

➡️ 투자자와의 협상에서 수치를 뒷받침할 자료를 제시합니다.

## ② 조건부 조정 활용

➡️ Earn-out, 전환권, 우선주 조건 등을 활용해 밸류에이션 갭을 조율합니다.

➡️ 초기에는 낮게 책정하더라도 성과 달성 시 상향 조정하는 구조를 설계합니다.

** Earn-out– 주로 기업 인수합병(M&A) 거래에서 사용되는 지불 방식으로, 인수 대상 기업의 미래 성과에 따라 추가적인 대금을 지급하는 구조를 의미합니다.

### 왜 Earn-out을 사용할까요?

➡️ Earn-out: 인수자와 매도자 사이의 기업 가치에 대한 의견 차이를 해소하고, 미래의 불확실성에 대한 위험을 분담하기 위해 사용됩니다.

▶ 매도자(기존 기업 소유주): 자신의 기업이 미래에 큰 성장을 이룰 것이라 확신하며 높은 가치를 주장합니다. Earn-out을 통해 기업의 실제 성과에 따라 추가 수익을 얻을 수 있는 기회를 갖게 됩니다.

▶ 인수자: 매도자가 주장하는 미래 가치가 불확실하다고 판단하여 과도한 인수가를 지불하는 것을 꺼립니다. Earn-out은 인수 후 기업의 실제 성과가 확인될 때까지 최종 대금 지불을 유보하여 위험을 줄일 수 있습니다.

## Earn-out은 어떻게 작동하나요?

▶ 기본 인수 대금: 인수 시점에 양측이 합의한 기본 금액을 우선 지급합니다.

▶ 성과 목표 설정: 인수 후 일정 기간(보통 1~3년) 동안 달성해야 할 구체적인 성과 지표를 설정합니다. 이 지표는 다음과 같은 것들이 될 수 있습니다.

▶ 재무 지표: 매출, 영업이익(EBITDA), 순이익 등

▶ 비재무적 지표: 신제품 출시, 특정 시장 진출 성공, 임상 시험 완료, 특허 획득 등

▶ 추가 대금 지급: 설정된 기간 내에 목표를 달성하면, 사전에 약정한 추가 대금(Earn-out)을 매도자에게 지급합니다. 이 지급 방식은 일시불 또는 분할 지급이 가능하며, 현금이나 주식 등으로 지급될 수 있습니다.

## Earn-out의 장점

▶ 가치 평가 간극 해소: 매수자와 매도자의 기업 가치에 대한 이견을 조정하여 거래 성사를 가능하게 합니다.

▶ 위험 분담: 매수자는 불확실한 미래 성과에 대해 과도한 금액을 지불하는 위험을 피할 수 있고, 매도자는 자신의 기업 가치를 증명하고 더 많은 보상을 받을 기회를 얻습니다.

➡ 매도자의 동기 부여: 기존 경영진이나 창업자가 인수 후에도 일정 기간 기업
에 남아 성과 달성을 위해 노력하도록 유도하는 효과가 있습니다.

## ③ IR·브랜딩 연계

➡ 높은 밸류에이션은 투자 유치뿐만 아니라 시장 신뢰와 브랜드 가치 향상에
도 기여합니다.
➡ 언론 홍보, 산업 포럼 발표 등 외부 노출을 통해 긍정적 인식을 강화합니다.

## ④ 스타트업 평가 요소

스타트업 가치 평가는 다양한 정량적, 정성적 요소를 고려하여 이루어
져야 합니다.

### 시장 잠재력 및 성장 전망(TAM/SAM/SOM)

시장 규모는 시장 조사 보고서, 경쟁사 데이터, 전문가 인터뷰 등을 통
해 TAM, SAM, SOM으로 나누어 추정합니다. 이를 통해 사업의 현실적
인 성장가능성을 확인할 수 있습니다.

### EXIT 전략 및 시나리오

스타트업은 투자자에게 명확한 투자 회수 방안을 제시하기 위해 EXIT
전략(IPO, M&A 등)을 미리 수립해야 합니다. 각 시나리오별로 명확한 가치
산정과 투자 회수 기간을 구체적으로 설정해야 합니다.

### 효과적인 피치 덱 및 스토리텔링

피치 덱은 명확한 문제 정의, 해결 방안, 시장 규모, 경쟁 우위, 팀 역량, 재무 계획 및 EXIT 전략 등 구체적이고 논리적인 데이터를 기반으로 구성되어야 합니다.

### 수익 구조 및 확장 가능성 평가 등

스타트업의 수익 구조는 광고, 구독, 수수료 기반 등 다양하며, 시장 확대 전략으로는 제품 확장, 글로벌 진출, 전략적 제휴 등이 있습니다. 이를 통해 장기적인 수익 창출 능력을 평가해야 합니다.

### VC 방법론(Pre, post money 개념, 지분 희석, ROI, IRR)

VC 방법론은 Pre-money와 Post-money 가치 산정, 지분 희석 영향, ROI 및 IRR 분석을 통해 기업의 투자 유치 가능성을 평가하는 방법입니다. 단계별 투자 조건 설정과 투자자와의 협상에서 활용됩니다.

## Chapter 10

# 투자자가 선호하는 매력 있는 투자처

## ❶ 성장성 높은 시장

### 시장 규모와 성장성

시장의 현재 규모가 크고 향후 성장률이 높을수록 투자자는 더 큰 기회로 인식합니다. 단기·중기·장기 성장 전망을 수치화하여 제시하면 설득력이 강화됩니다.

### 글로벌 확장성 및 신흥시장 진입

국내 시장에 국한되지 않고 글로벌로 확장할 수 있는 구조, 특히 신흥시장 진입 기회와 현지화 전략까지 준비되어 있다면 투자 매력이 크게 높아집니다.

### 시장 환경과 정책 지원

정부 정책, 규제 완화, 세제 혜택 등 외부 환경 요인을 활용할 수 있는지도 투자자가 주목하는 포인트입니다.

## ❷ 경쟁 강도와 차별화 가능성

### 틈새시장과 선도 가능성

경쟁사가 존재하더라도 자사가 선도할 수 있는 틈새(blue ocean)를 명확히 확보해야 합니다. 기존 플레이어와의 비교 우위를 수치·사례로 제시하면 신뢰도를 높일 수 있습니다.

지적재산권(IP), 독점 계약, 원천 기술 등 차별화 요소는 투자자의 관심을 가장 많이 끄는 영역입니다. 단순 아이디어가 아닌 실행과 보호 체계를 갖췄다는 점이 중요합니다.



시장 내 인지도, 신뢰할 만한 파트너·유통망·생태계 구축 등은 경쟁 강도를 완화하고 안정적 성장 기반을 마련해 투자자를 안심시킵니다.



환경·사회·지배구조(ESG)를 고려한 지속 가능한 사업 모델은 점점 더 많은 투자자의 평가 기준이 되고 있습니다.

## 2. 제품·서비스 경쟁력(Product/Service Competitiveness)

### ❶ 제품 완성도와 시장 적합성

MVP 이상 개발이 완료되고, 고객 반응을 통해 제품·서비스의 시장 적합성(Product-Market Fit)이 입증되어야 합니다.

### ❷ 기술력·IP 보유 여부

특허, 원천기술, 독점 라이선스 등 모방이 어려운 기술·지식재산권을 보유하면 장기 경쟁력을 확보할 수 있습니다.

## 3. 경영진과 팀 역량(Management & Team Capability)

### ❶ 경영진 리더십과 전문성

➡ CEO와 핵심 경영진이 업계 경험과 성과를 보유하고 있어야 합니다.

➡ 위기관리 능력과 장기적 비전 제시 능력이 중요합니다.

### ❷ 조직 구성과 인재 유지

➡ 핵심 인력이 안정적으로 근속하며, 필요한 역량을 갖춘 인재 풀이 확보되어야 합니다.

➡ 명확한 조직문화와 인재 유지 전략이 필요합니다.

## 4. 재무건전성과 성장 전략(Financial Health & Growth Strategy)

### ❶ 재무안정성

➡ 부채비율, 유동비율, 이익률 등이 안정적이고 현금흐름이 건강해야 합니다.

➡ 과도한 차입 의존 없이 운영 가능한 구조가 바람직합니다.

## ② 명확한 성장 로드맵

➡️ 단기·중기·장기 목표와 구체적인 실행 계획이 있어야 합니다.

➡️ 시장 확장, 신제품 출시, 해외 진출 등 구체적 성장 전략이 투자자의 신뢰를 높입니다.


## ③ 재무적 안정성이 있고 높은 성장가능성을 보이는가?

건강한 재무 구조와 빠르게 성장가능한 전략적 목표가 필요합니다.

### 재무적 안정성 의미

기업이 현재와 미래에 걸쳐 재무 구조가 건전하고, 외부 충격에 버틸 수 있는 능력을 갖추고 있는지를 평가하는 것입니다. 단순히 흑자 여부만 보는 것이 아니라, 현금흐름·부채 구조·자본 건전성까지 종합적으로 검토합니다.

### 재무적 안정성 주요 판단 지표

➡️ 부채비율(부채/자본비율)

➡️ 유동비율(유동자산/유동부채)

➡️ 이자보상배율(영업이익/이자비용)

➡️ 안정적인 현금흐름(Operating Cash Flow)

➡️ 재무제표의 일관성(회계 처리의 신뢰성 포함)

　재무적으로 안정적인 기업은 위기 상황에서 도산 가능성이 작고, 투자금이 '안전하게 보호'될 가능성이 크다고 판단됩니다. 안정성은 단기적 리스크 방어의 핵심입니다.

## 높은 성장가능성 의미

　현재 안정적인 상태를 유지하면서도 향후 매출·이익·시장 점유율이 크게 증가할 수 있는 잠재력을 보유하고 있는지를 평가하는 것입니다. 이는 장기 투자 수익의 원천이 됩니다.

## 성장가능성 주요 판단 지표

- 산업 성장률 대비 기업 성장률
- TAM/SAM/SOM 분석(총·세분·점유 시장 규모)
- 매출 다각화 및 신규 시장 진출 가능성
- 제품·서비스의 기술 경쟁력과 차별화 수준
- M&A, 해외 진출, 신사업 확장 계획

## 투자자 관점

　성장성이 높아야 밸류에이션 상승(Exit 시점 수익 극대화)이 가능하다고 봅니다. 특히 VC·PE·전략적 투자자(SI)는 성장 곡선이 가파른 기업을 선호합니다.

## 두 요소의 균형이 중요한 이유

　재무안정성만 있고 성장성이 부족하면 안정은 있으나 투자 매력도가 하락하며, 성장성만 높고 재무안정성이 부족하면 리스크가 커져 투자를 꺼리게 됩니다. 두 요소가 함께 있어야만 안전한 기반 위에서 고수익 가능해져 밸류에이션이 높게 산정됩니다.



- A 기업: 부채비율 40%, 안정적인 영업현금흐름, 3년 연속 매출·이익 20% 성장, 신흥국 시장 진출 계획 보유 → 높은 밸류에이션 가능
- B 기업: 매출성장률 50%지만 영업적자 지속, 부채비율 300% → 높은 리스크로 밸류에이션 할인

## ⑤ IPO 또는 M&A를 통한 Exit 가능성이 명확한가?

투자자가 확실한 수익을 실현할 수 있는 명확한 Exit 전략이 제시되어야 합니다. 사업가로서 처음에는 이해하기 어려웠던 투자자의 시각을 수업을 통해 접하며, 저는 더 현명하게 투자자를 설득하고 내 사업의 매력도를 높이는 법을 배웠습니다. 여러분 또한 기업을 운영하거나 투자를 유치할 때, 투자자의 관점에서 한 발짝 물러나 자신의 비즈니스를 돌아볼 수 있기를 바랍니다.

# **5.** Exit 가능성과 투자 회수 전략(Exit & ROI)

## ① 명확한 Exit 경로

➡ IPO, M&A, 세컨더리 거래 등 투자자금 회수 경로가 명확해야 합니다.

➡ 업계 내 유사 Exit 사례가 존재하면 긍정적 신호가 됩니다.

## ② 투자 수익률 극대화 가능성

➡ 투자금 대비 높은 수익률(ROI)을 기대할 수 있는 구조여야 합니다.

➡ 밸류에이션 상승 근거와 시점이 설득력 있게 제시되어야 합니다.

* 출처: 내용은 서강대 대학원 수업(현대투자파트너스 이규원 상무, mini-MBA 강의 자료)에서 얻은 귀중한 지식을 토대로 필자가 직접 경험한 자금 조달 과정을 녹여내어 정리하였습니다.

# Chapter 11

# PR &
# 커뮤니케이션 전략

# 1. PR & 커뮤니케이션 개요

PR(Public Relations, 홍보)과 커뮤니케이션은 기업 경영에서 서로 불가분의 관계에 있습니다. PR은 단순한 홍보 활동이 아니라, 효과적인 커뮤니케이션을 통해 조직의 목표 달성을 지원하는 전략적 기능입니다. 핵심은 대중과의 관계를 관리하며 긍정적인 이미지를 구축하고, 이를 통해 장기적인 신뢰를 형성하는 것입니다.

효과적인 커뮤니케이션은 PR 활동의 중심축입니다. 메시지를 설계하고 이를 적절한 채널을 통해 전달하는 전 과정이 포함되며, 대상별로 맞춤화된 접근이 필요합니다. 이 과정에서 언론, 온라인 플랫폼, 오프라인 이벤트, 위기 대응 시스템 등이 중요한 도구로 활용됩니다.

PR & 커뮤니케이션 전략의 궁극적인 목적은 대내외 이해관계자와의 소통을 통해 브랜드 인지도와 신뢰도를 동시에 높이는 것입니다. 투자자·고객·직원 등 주요 이해관계자에게 명확하고 일관된 메시지를 전달함으로써 기업의 평판 리스크를 줄이고, 지속 가능한 성장 기반을 마련할 수 있습니다.

사업 초기 단계의 기업은 종종 기술력과 제품 경쟁력만으로 투자자 설득이 가능하다고 생각하기 쉽습니다. 그러나 실제 현장에서 투자 유치를 위해서는 전략적 PR과 체계적인 커뮤니케이션이 필수임이 입증됩니다. 필자 역시 서강대학교 대학원 강의를 통해 다양한 투자자 유형별 특성과, 그에 맞춘 명확한 메시지 설계의 중요성을 직접 체감하였습니다.

이제부터 각 투자자 유형별 특징과, 이들에게 효과적으로 다가갈 수 있는 PR & 커뮤니케이션 전략을 구체적으로 살펴보겠습니다.

　PR & 커뮤니케이션 전략은 기업이 투자자, 고객, 미디어, 임직원 등 다양한 이해관계자와 신뢰 기반의 관계를 형성하고 기업 가치를 극대화하기 위해 수행하는 종합 활동입니다. 이는 단순한 홍보를 넘어, 투자자가 "이 기업에 투자해야 하는 이유"를 명확히 인지하도록 만드는 전략적 메커니즘입니다. 성공적인 자금 조달을 위해 기업은 평상시부터 투자자 관점에서 매력적인 콘텐츠를 기획·제작하고, 적절한 채널을 통해 일관되게 노출해야 합니다. 이러한 활동은 단기적인 투자 유치뿐 아니라 장기적인 성장과 지속가능성을 뒷받침하는 기반이 됩니다.

## 2. PR & 커뮤니케이션 방향성

### ❶ 투자자를 위한 핵심 메시지 개발

　기업의 핵심 메시지는 명확하고 간결하며 신뢰를 높이는 형태로 구성해야 합니다. 메시지에는 성장가능성, 명확한 비즈니스 모델, 경쟁 우위를 포함시켜 투자자의 신뢰를 확보해야 합니다. 이를 위해 기업의 비전·가치·성과를 압축해 전달할 수 있는 메시지 체계를 구축하고, 모든 커뮤니케이션 채널과 자료에서 일관되게 반영합니다.

### ❷ 미디어 및 언론 홍보 전략

　미디어와 언론을 활용한 긍정적 이미지 형성은 기업의 인지도와 신뢰도 제고에 필수적입니다. 기자·매체와 지속적인 관계를 유지하고, 보도

자료·기사화 자료·시장 분석 데이터를 정기적으로 제공해 긍정적인 보도가 자연스럽게 이어지도록 합니다. 산업 전문 매체와의 협력도 병행해 투자자에게 전문성과 신뢰성을 동시에 전달합니다.

## ③ 디지털 PR & 온라인 브랜딩 전략

디지털 PR은 선택이 아닌 필수입니다. SNS, 웹사이트, 블로그, 유튜브 등 디지털 플랫폼을 활용해 브랜드 이미지와 신뢰도를 높이고, 소비자와 투자자 모두에게 매력적이고 유익한 콘텐츠를 제공합니다. 채널별 콘텐츠 전략을 수립하고, 온라인 상의 브랜드 톤과 메시지를 일관되게 유지하며, 데이터 분석을 통해 투자자 반응을 측정하고 개선합니다.

## 3. PR & 커뮤니케이션 전략의 중요성

### ① 기업 이미지 제고와 신뢰 구축

PR 커뮤니케이션은 기업이 추구하는 가치·비전·철학을 시장과 사회에 명확히 전달하는 역할을 합니다. 긍정적인 기업 이미지는 장기적인 고객 충성도, 우수 인재 유치, 파트너사 협력 확대에 직결됩니다.

**실무 포인트**

▶ 핵심 메시지를 모든 커뮤니케이션 채널에서 일관되게 유지합니다.

▶ ESG, 사회공헌 활동, 품질·서비스 개선 사례를 지속적으로 노출합니다.

➡️ 이해관계자와의 직접 소통 기회를 확대합니다.

## ② 위기관리와 평판 리스크 완화

위기 상황에서 PR 커뮤니케이션은 기업의 명성과 신뢰를 지키는 방패 역할을 합니다. 사전 대비와 신속한 대응을 통해 악성 루머, 제품 문제, 경영 이슈 등의 부정적 파급 효과를 최소화할 수 있습니다.

### 실무 포인트

➡️ 위기 커뮤니케이션 매뉴얼과 대응 시나리오를 준비합니다.
➡️ 공식 발표 창구를 단일화하고 메시지 일관성을 유지합니다.
➡️ 온라인 모니터링 시스템을 통해 부정적 이슈를 조기 감지합니다.

## ③ 투자자 및 이해관계자와의 관계 강화

투자자·주주·금융기관·파트너사 등 이해관계자는 기업의 성장성과 안정성을 평가하는 핵심 주체입니다. 투명한 정보 공유와 전략적 커뮤니케이션은 장기적 신뢰 관계를 형성합니다.

### 실무 포인트

➡️ 정기 IR 발표, 실적 보고, 사업 전략 설명회를 진행합니다.
➡️ 주요 경영 결정 시 배경과 기대 효과를 명확히 공유합니다.
➡️ IR 자료, 보도자료, 온라인 공시 내용의 일관성을 확보합니다.

## ④ 미디어·온라인 채널을 통한 인지도 확산

디지털 환경에서 미디어와 온라인 채널은 기업 메시지 확산의 핵심 경로입니다. 전통 언론뿐 아니라 SNS, 유튜브, 블로그, 포털 콘텐츠를 활용해 잠재 고객과 직접 연결합니다.

### 실무 포인트

▶ 채널별 맞춤형 콘텐츠를 제작합니다(영상, 카드뉴스, 인터뷰 등).

▶ 기자·인플루언서 네트워크를 관리하고 적극적으로 협력합니다.

▶ 캠페인 효과 측정을 위한 데이터 분석 체계를 운영합니다.


## ⑤ 스토리텔링을 통한 브랜드 가치 강화

기업의 스토리, 창업 배경, 도전과정, 고객 성공사례 등 감성적 요소를 결합하면 브랜드 가치는 강하게 인식됩니다. 이는 소비자의 공감과 자발적 확산을 유도합니다.

### 실무 포인트

▶ 기업·제품·인물의 진정성 있는 스토리를 발굴합니다.

▶ 고객 경험과 연계한 성공사례 중심 콘텐츠를 제작합니다.

▶ 브랜드 핵심 메시지와 스토리를 연간 커뮤니케이션 계획에 반영합니다.

# 4. 커뮤니케이션
## - 매니지먼트 전략

커뮤니케이션-매니지먼트 전략을 통해 단순한 투자자별 메시지 전달을 넘어, 기업 전반의 전략적 커뮤니케이션 관리 체계로 격상될 수 있어 기업의 전반적인 이미지 환경 구축에 크게 기여할 것입니다.

## ① 커뮤니케이션 관리의 핵심 개념

PR & 커뮤니케이션-매니지먼트 전략은 기업의 메시지 전달과 이미지 형성을 체계적으로 관리하는 활동입니다. 이는 단순 홍보가 아닌, 이해관계자별 니즈를 분석하고, 상황별 대응 방안을 사전에 설계하는 종합 경영 기능입니다.

## ② 전략 수립의  대 축

### 목표 설정

기업의 비전, 미션, 브랜드 포지셔닝과 연계된 명확한 커뮤니케이션 목표를 수립합니다.

예: 투자자 신뢰 확보, 신제품 인지도 상승, 기업 평판 강화 등

### 메시지 개발

투자자, 고객, 직원 등 이해관계자별 맞춤형 메시지를 설계합니다. 핵심 메시지는 명확성, 일관성, 신뢰성을 모두 충족해야 합니다.

### 채널 전략

온·오프라인 채널을 적절히 조합하여 메시지를 전달합니다.

예: 언론보도, SNS, 웹사이트, 투자자 브리핑, 웨비나 등.

### 성과 측정 및 피드백

KPI(브랜드 인지도, 언론 노출 횟수, 투자자 문의 건수 등)를 설정하고 주기적으로 점검합니다. 결과에 따라 메시지와 채널을 재조정합니다.

## ❸ 실행 단계별 관리 방안

### 사전 준비 단계

➡ 주요 이해관계자 분석 및 타깃 세분화

➡ 위기 발생 가능성 예측 및 대응 시나리오 마련

### 실행 단계

➡ 메시지 스케줄링(분기별, 월별, 캠페인 단위)

➡ PR 이벤트, 보도자료, 인터뷰 등 실행

### 사후 관리 단계

➡ 피드백 수집(언론 반응, 투자자 평가, 고객 반응 등)

➡ 후속 조치 계획 수립 및 다음 전략에 반영

## ④ 투자자 관점에서의 매니지먼트 전략

### 투자자 기대치 반영

IR 자료와 PR 메시지가 동일한 방향성을 유지하도록 조율합니다. 재무 성과뿐 아니라 ESG·혁신 역량·시장 성장성도 커뮤니케이션에 포함합니다.

### 투자자 접점 확대

정기 브리핑, 오픈 하우스, 온라인 라이브 질의응답 등으로 신뢰 관계를 강화합니다.

### 위기 시 신속 대응

부정적 이슈가 발생하면, 침묵보다 신속하고 투명한 설명이 투자자 신뢰를 지키는 핵심입니다.

## ⑥ 성과 측정 지표(KPI)

➡ 투자자 응답률 및 후속 미팅 요청 건수

➡ 미디어 노출 횟수 및 긍정 기사 비율

➡ 디지털 채널 조회 수·공유 수·참여율

➡ 투자 유치 진행 속도 및 규모 변화

# **5. 커뮤니케이션 시너지**

PR & 커뮤니케이션 전략은 단순 홍보 활동이 아니라 투자자의 신뢰를 확보하고 기업 가치를 확장하는 고도의 비즈니스 전략이다. 자금 조달 핵심 인프라입니다. 기업은 핵심 메시지 개발, 미디어·디지털 PR 전략, 위기 대응, 스토리텔링, 투자자 맞춤형 커뮤니케이션을 종합적으로 실행해야 합니다. 이를 통해 장기적인 성장과 투자가치를 동시에 달성하고, 시장에서 지속적으로 인정받는 브랜드 기업으로 자리매김할 수 있습니다.

### 투자 유치 시너지

명확한 가치 제안과 성과 공유로 투자자 신뢰 강화

### 시장 경쟁력 시너지

브랜드 인지도와 긍정적 이미지 확산으로 시장 점유율 확대

### 조직 내부 결속 시너지

구성원의 목표 일치와 실행력 향상

### 파트너십·네트워크 시너지

제휴·협력 기회 창출 및 사업 확장

### 위기 대응 시너지

신속·투명한 대응으로 평판 리스크 최소화

### 고객 관계 강화 시너지

고객 신뢰와 충성도 제고로 재구매·추천 유도

### 혁신 촉진 시너지

시장과 고객 피드백을 경영 혁신과 제품 개발에 반영

### 기업의 이미지 확장 시너지

### 기업의 영업 활동 및 매출 신장

투자자 맞춤형 커뮤니케이션을 통한 신뢰도 및 투자 의향 증대

다양한 채널을 통한 브랜드 인지도·시장 영향력 확대

위기 상황 시 평판 리스크 최소화 및 대응력 강화

장기적으로 지속 가능한 투자자 네트워크 구축

## 6. 강의와 경험에서 얻은 인사이트

### 투자자 유형 이해 후 전략 실행

투자자 유형을 충분히 이해한 뒤에는 그에 맞는 효과적인 PR & 커뮤니케이션 전략을 실행해야 합니다. 이는 강의에서 지속적으로 강조된 핵심 요소입니다.

### PE 투자와 재무 커뮤니케이션의 중요성

필자도 초기 사업 단계에서 PE 투자를 고려하며, 재무적 커뮤니케이션이 얼마나 중요한지를 절실히 느꼈습니다.

## 엔젤 투자자의 초기 지원 역할

서강대 강의에서 접한 실제 엔젤 투자 사례를 통해, 엔젤 투자자가 기업 초기 단계에서 얼마나 강력한 지원군이 될 수 있는지를 깨달았습니다.

## VC의 평가 기준과 IR·PR의 필요성

강의를 듣기 전에는 VC가 요구하는 엄격한 평가 기준을 잘 알지 못했지만, 실제 사례를 통해 명확한 IR과 PR이 투자 유치에 얼마나 중요한지 확실히 이해하게 되었습니다.

## 엑셀러레이터와 PR 전략의 연계성

강의에서 들었던 여러 스타트업이 엑셀러레이터의 지원을 받아 빠르게 성장한 사례를 보며, 성장 단계에서 PR 전략이 반드시 필요하다는 점을 체감했습니다.

## CVC 투자에서 협력 가능성의 중요성

강의를 통해 CVC가 투자 결정을 내릴 때 모기업과의 협력 가능성을 크게 중시한다는 점을 배우며, PR 메시지를 구성할 때 이를 반영해야 함을 깨달았습니다.

## CVC 대상 전략적 커뮤니케이션

기업의 기술력이나 제품이 CVC 모기업의 사업과 어떻게 전략적으로 연결될 수 있는지를 명확히 전달하는 커뮤니케이션 전략이 필요합니다.

### 핵심 메시지의 신뢰 형성 효과

서강대 강의에서 명확한 핵심 메시지가 없는 기업이 투자자의 신뢰를 얻지 못하는 사례를 보며, 핵심 메시지가 투자 설득의 핵심이라는 점을 깊이 이해했습니다.

### 미디어 PR의 영향력

강의 중, 기업이 미디어를 전략적으로 활용하여 시장의 평가를 긍정적으로 변화시킨 사례를 접하며, 미디어 PR의 강력한 파급력을 실감했습니다.

### 디지털 PR의 현대적 가치

강의에서 디지털 PR을 통해 브랜드 가치를 극대화한 사례들을 보며, 디지털 커뮤니케이션이 현대 PR 전략의 핵심임을 명확히 느꼈습니다.

## Chapter 12

# 지식재산과 자금 조달

## **1.** 지식재산, 미래 성장의 핵심 동력

현대 사회는 지식기반사회(Knowledge-Based Society)로 규정될 수 있습니다. 이에 따라 과학기술의 기반을 견고히 하고, 연구개발(R&D) 투자를 지속적으로 확대하는 것은 산업 경쟁력 제고는 물론, 국가 경쟁력 강화에도 필수적인 요소로 작용됩니다. OECD(2012) 각료회의에서는 향후 국가 성장의 주체가 '지식 관련 무형자산(Knowledge-Related Intangible Assets)'이 될 것이라는 결론이 도출되었습니다.

이는 곧 신성장동력으로서 지식재산(Intellectual Property)이 중추적 역할을 할 것임을 의미합니다.

오늘날 과학기술 기반의 혁신적 기술을 얼마나 확보하고 있는가가 기술 경쟁력의 핵심 지표로 부각되고 있습니다. 특히 인공지능(AI) 시대를 맞아 전 세계적으로 지식재산에 대한 투자와 가치가 급격히 상승하고 있으며, 글로벌 기업들의 자산 구조에서도 이러한 경향이 명확히 드러납니다. 예를 들어, 구글(Google)은 전체 기업 가치 중 약 95%가 무형자산에 해당하며, 메타(Meta, 구 Facebook)는 무형자산비율이 거의 100%에 이르고 있습니다.

에너지와 천연자원이 상대적으로 부족한 우리나라의 경우, 창의성과 아이디어는 국가 경제 성장의 필수적 조건이라 할 수 있습니다. 즉, 물적 자본이 아닌 무형자산으로서의 아이디어, 기술, 그리고 이를 보호하는 지식재산이야말로 국가 지속성장과 글로벌 경쟁력 확보를 위한 핵심 자산인 것입니다.

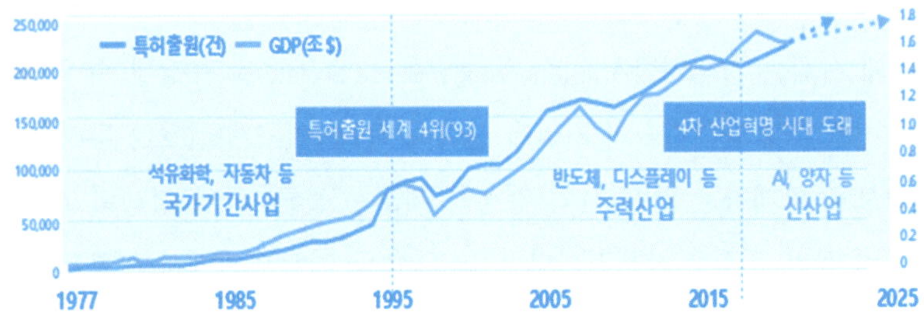


(출처 : 특허청, 지식재산정책보고서, '23)

**특허출원과 경제 성장의 관계**

▶ G7 국가에서 특허 증가와 GDP 성장은 양(+) 상관관계

▶ 특허가 1%p 증가하면 1인당 GDP 성장률이 0.65% 증가(MPRA Paper, 2011)

# 2. 지식재산의 정의

지식재산(Intellectual Property, IP)은 창의적인 사고와 인간의 지적 활동을 통해 생성된 결과물로, 법적으로 보호받을 수 있는 권리를 말합니다. 이는 기술적 혁신뿐만 아니라 예술적, 문학적, 과학적 창작물을 포함한 다양한 형태로 존재하며, 기업이나 개인이 경제적 가치를 창출하고 경쟁 우위를 확보하는 중요한 자산으로 간주됩니다.

세계지식재산권기구(World Intellectual Property Organization, WIPO)는 지식재산을 "문학, 예술, 과학적 저작물 및 실연, 음반, 방송 등 인간의 창의적 노력으로 발생하는 모든 발명, 과학적 발견, 산업디자인, 상표, 서비스표,

상호, 기타 명칭, 부정 경쟁 방지 등을 포함한 모든 권리"로 정의하고 있습니다. 즉, 지식재산은 기업이나 개인이 창출한 창의적 결과물과 그로 인해 발생하는 법적 권리를 총칭하며, 이는 경제적 가치 창출뿐만 아니라 사회적, 문화적 발전에 이바지하는 중요한 역할을 합니다.

지식재산의 주요 유형에는 특허, 상표, 디자인, 기술적 노하우, 영업비밀, 저작권, 그리고 신지식재산권 등이 포함됩니다. 이러한 권리는 각각의 형태에 따라 법적 보호를 받으며, 이를 통해 창작자나 발명자는 자신의 창작물이나 발명에 대한 독점적 권리를 유지하고, 타인이 무단으로 이를 사용할 수 없도록 보호합니다. 이와 같은 지식재산의 보호는 기업의 지속적인 혁신을 촉진하고, 글로벌시장에서의 경쟁력 강화를 위한 핵심 요소로 작용합니다.

## 3. 지식재산(IP) 개념

지식재산(Intellectual Property, IP)은 주로 무형적인 형태로 존재하는 지식, 정보, 기술 등에서 발생하는 창작물이나 발명으로, 이러한 요소들이 재산적 가치를 실현할 수 있는 권리로 보호되는 법적 개념을 의미합니다. 즉, 지식재산은 개인이나 기업의 창의적이고 지적 활동의 결과물로서, 이를 통해 경제적 가치를 창출하고 사회적, 문화적 발전에 기여하는 중요한 자산으로 간주합니다.

지식재산의 범주는 광범위하며, 특허, 실용신안, 상표, 저작권, 영업비밀 등을 포함합니다. 이러한 다양한 형태의 지식재산은 각기 다른 법적 보호를 제공하며, 창작자나 발명자가 자신의 창작물에 대해 독점적인 권리를 가질 수 있도록 합니다. 예를 들어, 특허는 기술적 혁신에 대해 일정 기간 독점적인 권리를 부여하며, 상표는 상품이나 서비스를 식별할 수 있는 고유의 기호나 이름에 대해 보호를 제공합니다. 저작권은 문학적, 예술적 창작물에 대한 권리를 보호하며, 영업비밀은 기업의 경쟁력을 지키기 위한 중요한 기술적, 상업적 정보에 대한 보호를 제공합니다.

따라서, 지식재산은 단순히 창작의 결과물에 그치지 않고, 이를 보호하고 활용할 수 있는 법적 권리를 통해, 개인이나 기업이 시장에서의 경쟁력을 강화하고 지속 가능한 경제적 가치를 창출할 수 있는 중요한 기반을 마련하는 요소로 작용합니다.

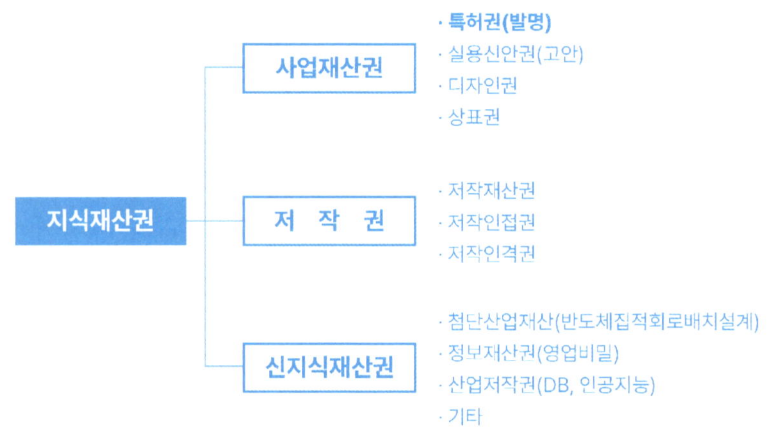

# 4. 지식재산(IP) 평가

## ① IP 가치 평가의 정의 및 목적

IP 가치 평가(Intellectual Property Valuation)는 지식재산권(IP)이 보유한 경제적 가치를 평가하는 과정으로, 이를 위해 일반적으로 인정된 가치 평가 원칙과 방법론을 적용합니다. 지식재산권의 가치는 단순히 법적 권리만을 의미하는 것이 아니라, 해당 권리가 경제적 활동에 미치는 영향을 토대로 산정됩니다. IP 가치 평가는 다양한 산업 분야에서 지식재산권을 자산으로 취급하고, 이를 기반으로 투자, 거래, 협상 등에서 중요한 역할을 합니다.

목적은 크게 두 가지로 요약할 수 있습니다. 첫째, 기업이 보유한 지식재산권의 가치를 정확히 평가하여 자산의 총가치를 산출하고, 이를 통해 기업의 재무건전성 및 성장잠재력을 분석하는 것입니다. 둘째, 지식재산권의 거래, 투자 유치, 인수합병(M&A), 라이센스 계약 등에서 경제적 결정이 이루어질 수 있도록 적절한 평가 정보를 제공하는 것입니다.

### IP 가치 평가 과정에서 적용되는 주요 원칙

➡ 시장 가치 원칙: 지식재산권의 가치는 시장에서의 거래 가능성과 관련된 가치를 반영해야 하며, 이를 통해 실제 거래 사례를 기준으로 평가됩니다.

➡ 평가 조건의 설정: 평가의 목적과 조건에 따라 평가 방법을 선정하며, 사용되는 지식재산권의 특성에 맞는 적절한 평가 프레임워크를 설정합니다.

➡ 사용 원칙의 적용: 지식재산권이 실제로 활용되는 방식에 대한 이해를 바탕으로 평가가 이루어져야 하며, 이를 통해 평가된 가치가 실질적인 사용 맥락

에 맞게 적용됩니다.

▶ 목적과 용도 명시: IP 가치 평가는 특정 목적을 가지고 이루어져야 하며, 평가의 용도에 따라 가치를 산정하는 방식이 달라질 수 있음을 명확히 해야 합니다.

▶ 평가 과정상 가정과 제한 조건 제시: 평가 과정에서 사용되는 가정이나 제한 조건을 명시하고, 이들에 따라 평가의 신뢰도와 한계가 어떻게 설정되는지를 명확히 해야 합니다.

결국, IP 가치 평가는 지식재산권이 기업 및 산업 내에서 차지하는 경제적 중요성을 체계적으로 이해하고 평가하는 데 필수적인 과정으로, 각종 금융적, 전략적 의사결정에 중요한 기초 자료를 제공하는 중요한 역할을 합니다.

<IP 가치 평가의 목적과 용도>

| 목적 | 용도 |
| --- | --- |
| 이전 및 거래 | 기술의 매매, 라이선스 가격 결정 시 적정가액 제시 |
| 금융 | 지식재산권(특허권)의 담보권 설정 또는 기술 투자 유치 |
| 현물출자 | 기술 또는 지식재산권의 현물출자 시 적정가액 산정 |
| 전략 | 기업의 가치 증진, 기술 상품화, 분사(spin off), 장기 전략적 경영 계획 수립 |
| 청산 | 기업의 파산 또는 구조조정에 따른 자산평가, 채무 상환 계획 수립 |
| 소송 | 지식재산권 침해, 채무 불이행, 기타 재산 분쟁 관련 소송 |
| 세무 | 기술의 기증, 처분, 상각을 위한 세무 계획 수립 및 세금 납부 |
| 기타 | 특례상장 등 |

## ❷ 지식재산(IP) 활용의 진화

지식재산(IP)의 활용은 시간이 지남에 따라 급격히 변화하고 발전했습니다. 초기에는 주로 기업들이 자사의 혁신적인 기술이나 창작물을 보호하는 수단으로 사용했으며, 이후 경제적 가치를 창출하는 자산으로 점차 발전했습니다. 지식재산 활용의 진화는 몇 가지 중요한 단계를 거쳤습니다.

▶ 보호와 독점: 지식재산권의 초기 활용은 기술적 혁신이나 창작물을 보호하고 이를 독점적으로 사용하려는 목적이었습니다. 기업들은 특허, 상표, 저작권 등을 통해 자신들의 창작물이나 발명에 대한 법적 보호를 받았으며, 이를 통해 경쟁 우위를 확보했습니다. 이 시기의 주요 목표는 시장에서의 경쟁력을 유지하고 무단 사용을 방지하는 것이었습니다.

▶ 라이센싱과 거래: 시간이 지나면서 기업들은 보유한 지식재산을 단순히 보호하는 것에 그치지 않고, 이를 상업화하는 방식으로 활용하기 시작했습니다. 특히 지식재산의 라이센싱(사용권 허가)과 거래가 중요한 전략적 수단으로 부각되었습니다. 기업들은 자사의 특허나 상표를 다른 기업에 라이센싱하여 수익을 창출하거나, 기술을 다른 산업에 적용하여 시장을 확장하는 방식으로 지식재산의 경제적 가치를 극대화했습니다.

▶ 지식재산의 금융적 자산화: 2000년대 이후, 지식재산은 단순한 보호의 수단을 넘어서 금융자산으로 취급되기 시작했습니다. 기업들은 자산 평가를 통해 지식재산의 가치를 산정하고, 이를 담보로 자금 조달이나 M&A, 투자 유치 등의 활동에 활용했습니다. 또한, 특허 포트폴리오를 전략적으로 관리하고 이를 기반으로 투자나 협력 기회를 모색하는 방식으로 활용되었습니다.

➡ 디지털화와 글로벌화: 디지털 기술의 발전과 글로벌화는 지식재산 활용에 또 다른 큰 변화를 가져왔습니다. 디지털 콘텐츠의 증가와 인터넷을 통한 글로벌시장 확장은 저작권, 상표권, 특허권 등 지식재산의 보호와 활용 방식을 변화시켰습니다. 특히 디지털 환경에서는 지식재산의 글로벌 유통과 관리가 중요한 이슈로 떠오르며, 기업들은 더 복잡한 국제적인 전략을 세우고 이를 통해 전 세계의 시장에서 경쟁력을 높였습니다.

➡ 혁신적인 사업 모델과 결합: 최근에는 지식재산을 중심으로 혁신적인 사업 모델이 등장했습니다. 예를 들어, 오픈 이노베이션(Open Innovation)이나 크라우드소싱(Crowdsourcing)을 통해 지식재산을 외부와 공유하거나, 다른 기업들과 협력하여 새로운 가치를 창출하는 방식입니다. 또한, 블록체인 기술을 활용한 지식재산의 관리와 거래 방식이 각광받고 있으며, 이는 지식재산 활용의 새로운 패러다임을 제시하고 있습니다.

이러한 진화 과정을 통해 지식재산은 단순한 보호의 수단을 넘어, 기업의 전략적 자산으로서 경제적 가치를 창출하고 글로벌시장에서 경쟁 우위를 확보하는 중요한 역할을 하게 되었습니다.

## ③ 지식재산(IP) 가치 평가 접근법

지식재산(IP) 가치 평가는 IP가 보유하는 경제적 가치를 평가하기 위한 다양한 접근법을 포함하며, 각 접근법은 평가 목적, IP 유형, 그리고 평가의 조건에 따라 달라집니다. 주요 IP 가치 평가 접근법은 다음과 같습니다.

| 구분 | 시장접근법 | 비용(원가)접근법 | 수익(이익)접근법 | |
| --- | --- | --- | --- | --- |
| | | | 현금흐름할인법 | 로열티공제법 |
| 개념 | 동일 또는 유사한 IP가 실제 시장에서 거래된 가치에 근거하여 산정 | IP를 개발·획득하는 데 투입된 비용(원가)을 기초로 산정 | IP의 미래 경제적 이익을 현재 가치로 환산하여 산정 | 제3자에게 지급할 로열티 지불액으로 추정하여 산정 |
| 장점 | 실물자산 거래에 활용, 신뢰성 높음 | 객관성, 일관성 회계 목적으로 활용 | 이론적으로 타 접근법보다 우월함 | 적절한 로열티율 산정 시 용이함 |
| 단점 | 동일 또는 유사 기술의 거래 사례가 없거나 적은 경우 객관성 담보가 어려움 | 과거 지출원가에 근거, 미래 수익의 잠재력 미반영 | 미래현금흐름, 할인율 산정이 어려움, 주관적 요소의 개입 소지가 큼 | 로열티율 산정의 주관성 개입, 경제적 이익 흐름 발생의 확신 필요 |
| 활용 | 경상로열티율 산정 이론적 방법 검증에 사용 | 미성숙 기술평가 사용 | IP 투자, IP 대출 | IP 대출, 브랜드, 손해배상 판결 |

### 수익 접근법(Income Approach)

수익 접근법은 IP가 생성할 것으로 예상되는 미래의 경제적 이익을 바탕으로 가치를 평가하는 방법입니다. 이는 IP가 향후 발생시킬 수 있는 수익, 예를 들어 라이선스료, 로열티, 판매 수익 등을 예측하고, 이를 현재 가치로 환산하여 평가합니다. 주로 IP의 상업적 활용 가능성이 높고, 구체적인 수익 창출 모델이 존재할 때 사용됩니다.

▶ 미래 수익의 할인(Discounted Cash Flow, DCF): 예상되는 미래 수익을 현재 가

치로 할인하여 IP의 가치를 평가합니다.

▶ 수익분배법(Relief from Royalty): IP가 다른 기업에 라이선스될 경우 받을 수 있는 로열티 수익을 기반으로 가치를 산출합니다.

### 시장 접근법(Market Approach)

시장 접근법은 유사한 IP가 시장에서 거래되는 가격을 바탕으로 가치를 평가하는 방법입니다. 이 방법은 주로 IP가 실제로 거래되거나 라이선스된 사례를 참고하여, 비슷한 유형의 IP가 시장에서 어떤 가격에 거래되었는지 분석하여 평가합니다. 유사한 IP 거래 사례나 공개된 가격 정보를 바탕으로 비교하는 방식이기 때문에, 시장에서의 실제 거래 정보가 풍부할 때 유효합니다.

▶ 비교 거래법(Comparable Transactions): 유사한 IP가 거래된 가격을 참고하여 가치를 추정합니다.

▶ 비교 라이선스법(Comparable License Transactions): 유사한 기술이나 브랜드가 라이선스된 사례를 기반으로 평가합니다.

### 비용 접근법(Cost Approach)

비용 접근법은 IP를 창출하는 데 들었던 비용을 기준으로 가치를 평가하는 방법입니다. 이 방법은 주로 IP의 현재 가치가 창출되는 데 투입된 연구개발(R&D) 비용, 창작에 필요한 비용 등을 기준으로 가치를 산출합니다. 일반적으로 새롭게 창출된 IP나 시장에서 거래된 정보가 부족할 때 사용됩니다. 그러나 이 방법은 IP가 시장에서 실질적으로 창출하는 수익이나 가치를 고려하지 않기 때문에, 상업적 성공을 가하는 데에는 한계가 있을 수 있습니다.

➡ 역사적 비용법(Historical Cost Method): IP의 개발에 소요된 실제 비용을 기반으로 가치를 평가합니다.
➡ 재구매법(Reproduction Cost Method): 동일한 IP를 새로 만들기 위한 비용을 기준으로 가치를 평가합니다.

### 옵션 접근법(Option Approach)

옵션 접근법은 IP의 가치를 평가할 때 금융 옵션 이론을 적용하는 방법입니다. 이는 IP가 시간이 지나면서 가질 수 있는 다양한 잠재적 가치와 그 가치가 변동할 가능성을 반영하는 방식입니다. 특히, IP가 기술적 발전이나 시장 변화에 따라 향후 어떤 가능성이나 선택을 가질 수 있는지를 고려하여 가치를 산출합니다. 이는 미래 불확실성이 높은 상황에서 유용합니다.

➡ 실물 옵션법(Real Option Valuation): IP가 시간이 지남에 따라 발생할 수 있는 다양한 선택 옵션을 평가하고 이를 기반으로 가치를 산정합니다.

이러한 다양한 접근법은 각각의 상황에 따라 다르게 적용될 수 있으며, 실제로 IP 가치 평가는 하나의 접근법만 사용하는 것이 아니라 여러 접근법을 복합적으로 적용하여 보다 정확하고 신뢰할 수 있는 결과를 도출하는 것이 일반적입니다.

## <기술 및 산업 경쟁력 측정의 기존 방법>

| 종류 | | 측정 주체 | 특징 | 내용 |
|---|---|---|---|---|
| IMD 국가경쟁력지수 | | IMB (국제경영개발연구원, 스위스) | 영토 내에서 활동 중인 기업들의 국내외 경쟁력을 제공해 주는 국가의 능력 측정 | 국가경쟁력을 경제 적성과, 정부의 효율, 기업 경영 효율, 인프라 등 4개의 분야로 구분하여 경쟁력 측정 후 각 분야별로 5개의 하위 분야를 두어 4개의 대분야와 20개의 소분야로 나누어 측정 |
| WEF 국가경쟁력지수 | | WEF (World Economic Forum) | 높은 생활 수준과 삶의 질을 유지할 수 있도록 하는 국가의 능력 측정 | 5년 정도의 기간에 기대되는 증기 성장 잠재력을 측정하기 위함 |
| IPS 국가경쟁력지수 | | 산업정책연구원 & 국제경쟁력연구원(한국) | 9개 Factor로 구분한 국가경쟁력 | 하버드 대학의 마이클 포터 교수의 다이아몬드 모델을 발전시킬 9 Factor 모델 사용, 생산 요소 조건, 시장 수요 조건, 인프라 등 지원 산업, 경영 여건의 물적 요소와 근로자, 정치가 및 행정 관료, 기업가, 전문가의 인적 요소 및 기회 요인으로 구분 |
| 복합 R&D 지수 | 기술혁신 성과 종 합지수 | OECD | 각국의 혁신 성과를 비교 분석하기 위한 종합 지수 | 혁신 성과를 구성하는 항목으로 신지식 창출 부분, 산업 연계 및 기술 확산 부분, 산업 혁신 부문으로 구성, 각 부분별로 정량된 데이터만 사용하며 이들을 종합하기 위한 표준화 과정을 거침 |
| | GIST | 일본과학기술 정책연구소 (NISTEP) | 일본, 미국, 독일, 프랑스, 영국 등 5개국의 과학 기술 활동 측정 | 사용 변수: 이학사 수, 공학사 수, 연구자 수, 연구개발비, 기술도입액, SCI 논문 수, SC 논문 피인용 수, 자국 내 특허출원 수, 외국 특허출원 수, 기술 수출액, 공업제품 부가가치액, 하이테크 제품 생산액 <br> 지표 통합을 위해 분산분석법 사용 |
| The TR Patent Scoreboard | | Technical Review(MIT)& CHI Research | 매년 상위 150개 대기업의 특허 자료 이용하여 기술 경쟁력 분석 | CHI Research의 상대인용도, 기술력 지수, 기술 순환 주기, 과학기술 연계를 이용 |
| Human Development Report | | UNDP | 세계 170여 개국의 인적 자원 관리 현황 비교 분석 | 기술 관련 통계로 무역 구조 및 기술 확산과 창출에 관한 항목 제공 |
| STEPII 기술혁신 조사 | | 과학기술정책연 구소(한국) | 설문조사를 이용한 제조업과 서비스업의 기술혁신 조사 | OECD에서 작성한 기업의 기술혁신 조사 국제 기준 지침서인 OSLO 매뉴얼을 토대로 제조업과 서비스업의 기술혁신 실태를 조사 |

# 5. IP 활용 자금 조달 유형

## ❶ 지식재산(IP) 금융

지식재산(IP) 금융은 특허권, 상표권, 디자인권 등 지식재산권을 활용해 자금을 융통하는 금융 활동입니다. 특히 중소기업이나 벤처기업에 부동산 등 유형자산이 부족할 경우, 지식재산의 가치를 인정받아 자금을 조달할 수 있는 중요한 수단이 됩니다. 이를 통해 기업은 지식재산을 담보로 한 대출, 라이센싱 계약, M&A 등 다양한 방식으로 자금을 확보할 수 있습니다.

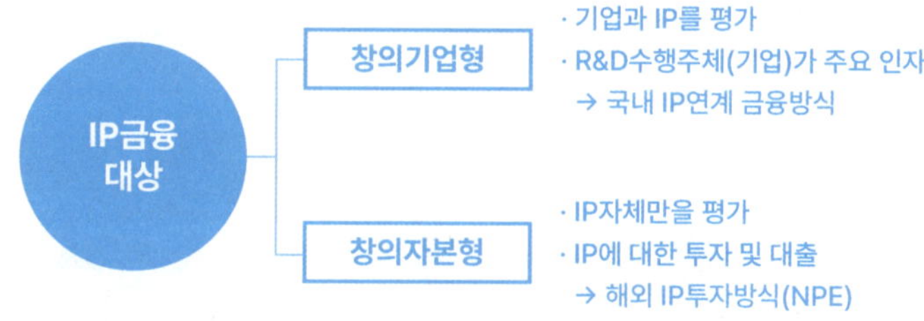


## ❷ IP 금융의 유형

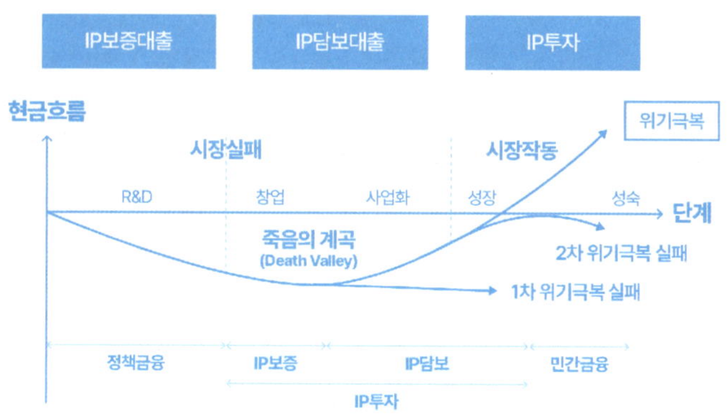

# ❸ IP 금융의 유형 설명

| | |
|---|---|
| **IP 담보 대출** | 민간은행이 지식재산(IP) 가치 평가를 통해 평가 금액 한도 내에서 IP를 담보로 대출 실행<br>산업, 기업, 신한, 우리, 하나, 국민, 농협, 부산, 경남 등 |
| **IP 보증 대출** | 지식재산(IP) 가치 평가를 통해 IP를 담보로 보증서를 발급, 민간은행이 보증서 기반을 대출 실행<br>신용보증기금, 기술보증기금, 전북신용보증재단 |
| **IP 투자** | 투자 기관이 지식재산(IP) 가치 평가를 통해 우수한 IP 보유 기업 또는 IP 자체에 투자<br>벤처캐피털(VC) 등 투자 기관 |

# ❹ 민간은행의 IP 담보 대출 상품

| 구분 | 산업은행 | 기업은행 | 신한은행 | 우리은행 | 하나은행 | 국민은행 | 농협은행 | 부산은행 |
|---|---|---|---|---|---|---|---|---|
| 상품명 | IP 담보 대출(테크노뱅킹) | IP 사업화 자금 대출 | 신한성공 두드림 IP 담보 대출 | 우리 CUBE론-IP | 하나 IP 담보 대출 | KB 더드림 IP 담보 대출 | NH 지식재산권 담보 대출 | IP 담보 대출 |
| 대출 대상 | 모든 기업(단, 개인 기업 제외, T4 이상) | 중소기업(개인사업자 포함, BB-B+,T4 이상) | 중소기업(개인사업자 포함, BBB- 이상) | 중견, 중소기업(개인사업자 포함, BB+ 이상) | 중소기업(가치 평가 3억 이상) | 중소기업(BB+ 이상) | 중소, 중견기업(개인사업자 포함, T4 이상) | 중소기업(개인사업자 포함, BB 이상) |
| 자금 용도 | 운영, 시설자금 | 운전, 시설자금 | | | | 운전자금 | | |
| 대출 한도 | 평가 금액 및 기업별 10억~200억 | IP 가치 평가 금액 이내 | 최소 3억 최대 IP 가치 평가 금액 이내 | IP 가치 평가 금액 이내 | IP 가치 평가 금액 이내 | 최소 3억 최대 IP 가치 평가 금액 이내 | 최소 3억 최대 IP 가치 평가 금액 이내 | IP 가치 평가 금액의 60% 이내(기업당 1~10억 원 이내) |
| 대출 기간 | 운영(3년) 시설(10년) | 운전(5년) 시설(15년) | 운전(3년) 시설(15년) | 운전(5년) 시설(15년) | 영업 내규에 따름 | 일시(1년) 분할(5년) | 일시(1년) 할부(5년) | 만기 일시, 분할, 할부 |
| 대출 담보 | 매출 발생 제품 관련된 IP | | | | 등록 특허 | | | |

# ⑤ 보증 기관의 IP 보증 대출 상품

| 보증 기관 | 신용보증기금 | | | 기술보증기금 | | |
|---|---|---|---|---|---|---|
| 상품명 | IP 가치<br>평가 보증 | IP 우대<br>보증 | IP 평가<br>보증 | ESG IP<br>평가 보증 | ESG IP<br>패스트<br>보증 | ESG IP<br>등급 보증 |
| 평가 방식 | 전문가<br>평가 | SMART5 | 전문가 평가 | 전문가 평가 | KPAS II | KPAS I,<br>SMART5 |
| 평가 기간 | 4~6주 | | 1주 | 4~6주 | | 1주 |
| 평가 비용 | 500만 원 | - | 500만 원 | 500만 원 | 100만 원 | 20만 원 |
| 보증비율 | 95~100% | | | 90~95% | | |
| 보증료율 | 1.3~1.5%<br>(-0.5% 우대) | 1.3~1.5%<br>(-0.2% 우대) | | 1.3~1.5%<br>(-0.3~-0.5% 우대) | | 1.3~1.5%<br>(-0.5~-0.75%<br>우대) |
| 기업당 보증<br>한도 | 가치 금액 한도 이내<br>(기업당 10억 원 이내) | | 가치 금액 한도 이내<br>(기업당 30억 원 이내) | | 30억 원<br>(기업당 30억 원 이내) | |
| 담보 취득 | - | - | 담보 설정 | - | - | - |

# ⑥ IP 대출(담보, 보증   주요 포인트

| 항목 | 주요 내용 |
|---|---|
| 잔여 존속 기간 | 잔여 존속 기간: 10년 이상/5~10년/5년 이내<br>(3년 미만 특허는 불가, 단 원천·표준특허 예외) |
| 제품 적용 가능성 | 제품에 필수적으로 적용<br>제품에 적용 가능성 높음<br>(제품 관련성이 없거나, 누락한 경우 불가) |
| 침해 입증 용이성 | 침해 입증 용이(육안으로 식별 가능)<br>시험 등 별도의 분석을 통해 입증 가능 |

| 특허 활용 이력 | 소송 여부(종료 건), 실시료 수취 이력(영업 외 수익 등) |
|---|---|
| 시장성 검토<br>(회수 관점) | 대상 IP의 시장성 판단<br>(시장 규모, 경쟁 업체 수, 제품에서의 중요도 등) |
| 매입특허 | 매입 후 1년 이상 된 특허로 기업의 사업 분야와 일치 |
| 사업화 단위<br>포트폴리오 | 대표자 보유 특허, 핵심 관계자(주주, 임원 등) 보유 특허 |
| 거래 가능성 | 권리 범위 극히 협소하거나 선순위권 설정된 경우 불가 |
| 기타 | 신청 은행, 보증 기관 또는 평가 기관의 요청 등에 따른 거절 |

## ❼ IP 투자 주요 포인트

▶ 가능성(사람, 경영자, Team / 산업, 시장, 매출)

▶ 후속 투자 가능 / 투자 시점 Risk / 회수(Return)

▶ 기술(IP): IP 평가, 혁신적 특허

**법률적 관점이 아닌 경제적 관점(돈을 많이 벌 수 있는 특허)**

▶ IP 가치 평가 결과 우수(등급, 금액)

▶ 활용성이 높은 특허

▶ 경쟁자로부터의 진입장벽이 높은 특허(대체 기술, 우회 기술 봉쇄)

▶ 침해 판정이 용이한 특허

▶ 회피 설계가 곤란한 특허

▶ 특허 포트폴리오가 구축된 특허 등

# ⑧ IP 금융 규모

**IP 금융 규모(2023년 잔액): 9조 6,100억 원**

▶ IP 담보 대출 2조 3,226억 원, IP 보증 대출 4조 931억 원, IP 투자 3조
1,943억 원

**IP 금융 규모(2023년 신규 공급): 3조 2,406억 원**

(단위 : 억 원)

| 구분 | 2019 | 2020 | 2021 | 2022 | 2023 |
|---|---|---|---|---|---|
| IP 담보 대출 | 4,331 | 10,930 | 10,508 | 9,156 | 9,119 |
| | | | (19,597) | (21,929) | (23,226) |
| IP 투자 | 1,933 | 2,621 | 6,088 | 12,968 | 13,365 |
| | | | (8,628) | (19,330) | (31,943) |
| IP 보증 | 7,240 | 7,089 | 8,445 | 8,781 | 9,922 |
| | | | (32,147) | (36,575) | (40,931) |
| 합계 | 13,504 | 20,640 | 25,041 | 30,905 | 32,406 |
| | | | (60,090) | (77,835) | (96,100) |

# ⑧ 벤처펀드(모태펀드 특허계정)

▶ 기업에 직접 투자하지 않고, 민간 VC가 결성하는 벤처펀드에 투자

▶ 05년 결정, 06년부터 특허청의 출자금으로 특허계정을 운용

▶ 분야 IP 직접 투자, IP 기반 지역 기업, 특허 기술 사업화

- 특허청 출자금 2,300억 원, 자조합 결성액 2조 159억 원(8.8배)

- 자조합 66개 중 23개 청산 완료(투자 배수 1.14배, IRR 2.22%)

# ⑨ 특허계정 개요

| | | |
|---|---|---|
| 특허청 출자금 | | 2,300억('21년 12월 말) |
| 운용 기간 | | 29년(2006년~2035년) |
| 역할 | 출자자 | 출자 기관의 정책 목적 추구<br>발명 활동 진작과 발명 성과의 권리화 촉진<br>우수 발명의 이전 알선 및 사업화 등 특허 기술 사업화 |
| | 한국모태펀드 | 출자 기관의 지침에 맞춘 출자 사업 운영<br>간접 투자 통해 모태펀드 순기능 활용<br>투자조합 운용사 선정<br>주목적 투자 분야 및 비율 등 운용 조건 설정 |
| | 모태출자펀드<br>(창업투자<br>조합 등) | 모태출자펀드 운영<br>존속 기간 5년~7년<br>연평균 4.4개 신규 조합 결성<br>정책 목적 달성을 위한 주목적 투자 분야 투자 |
| | 중소·벤처기업 | 성장에 따라 기업 가치 증가<br>모태출자펀드 투자금 회수 |

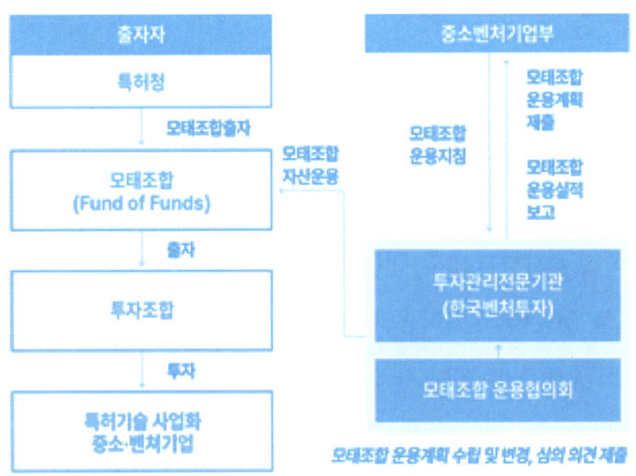


특허계정 운용 구조(출처: 한국벤처투자)

# ❿ IP 거래 형태 및 지급 방식

| 형태 | | 내용 |
|---|---|---|
| 매매(양도, 양수) | | 매매 형태로 이루어지는 기술 이전<br>기술 도입자가 대가를 지불하고 특허권 등의 권리 이전 |
| 라이선스 | 전용 실시권 | 기술 공급자와 기술 도입자의 계약에 의하여 실시권의 범위 내에서 특허 기술을 독점적으로 사용할 수 있는 권리 |
| | 통상 실시권 | 기술 공급자와 기술 도입자의 계약에 의하여 실시권 범위 내에서 특허 기술을 비독점적으로 사용할 수 있는 권리 |

| 지급 방식 | 주요 내용 |
|---|---|
| 선급 기술료 | 계약 발효와 동시 또는 계약서에 정하는 시점에 지불받는 기술료<br>양수도 계약의 경우, 선급 기술료만으로 계약하는 일시급(Lump sum) |
| 경상 기술료 | 정해진 산정 기준에 의해 매출액 또는 순이익 등에 일정률을 곱하여 산출된 금액을 정기적으로 지불받는 기술료<br>최소 기술료, 최대 기술료, 고정 기술료 |

# ⓫ IP - SLB(Sales & License Back)

▶ 지식재산권을 매각한 후 자금과 실시권을 확보하는 단기 금융 기법

  - IP 소유권 매각 → 실시권 허여 → IP 재매입(구매 옵션)

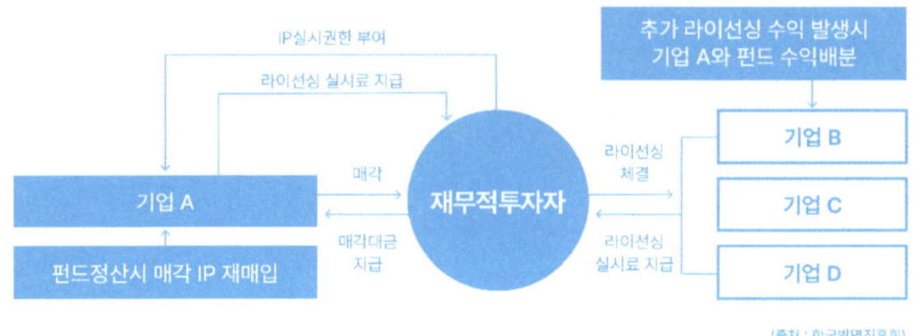


(출처 : 특허청, 한국발명진흥회)

# 6. 정부 지원 사업(지식재산 금융 지원)

## ① 지식재산 금융 연계 평가 지원

▶ IP 가치 평가를 통해 담보·보증·투자 등 자금 조달을 위해 평가비 지원

▶ 발명의 평가 기관이 IP 가치 평가를 수행, 해당 평가 결과를 기반으로 투융자 실행

| 구분 | 지원 내용 | 지원 대상 | 지원 내용 |
|---|---|---|---|
| IP 담보 대출 연계 | • 특허청 협약 은행(10개 은행)으로부터 IP 가치 평가를 통해 IP 담보 대출을 하는 경우 IP 가치 평가비를 지원<br>• 산업, 기업, 국민, 신한, 우리, 하나, 농협 등 | 중소기업 및 초기 중견기업 | 평가비(500만 원)의 50% 지원(나머지 50%는 은행 부담) |
| IP 보증 대출 연계 | • 신보, 기보를 통해 IP 보증 대출을 하는 경우, IP 가치 평가비를 지원<br>• 기술보증기금, 신용보증기금 | | 평가비(500만 원)의 최대 60% 지원(나머지 40~50%는 보증 기관 부담) |
| IP 투자 연계 | • 투자 기관으로부터 투자받고자 하는 경우, 투자 심의 과정에서 특허 기술 사업에 대한 실사, 분석 등에 활용 가능한 IP 가치 평가비를 지원<br>• 창투사, AC, LLC 등 VC | | 1) 가치 평가형(금액)<br>* 15백만 원의 80~90%<br><br>2) 등급형<br>* 7.5백만 원의 80~90%<br><br>★ IP 투자 협의체 활용 시 80~100% |

(출처 : 특허청, 한국발명진흥회)

## ② 지식재산 담보 대출 회수 지원

▶ 중소기업에 IP 담보 대출을 실시하고 채무불이행 발생 시, 회수 전문 기관이
은행이 보유하게 된 부실 담보 IP를 매입하여 은행의 손실을 경감

▶ 은행의 대출 손실액의 최대 50%(~30%)로 담보 IP 매입

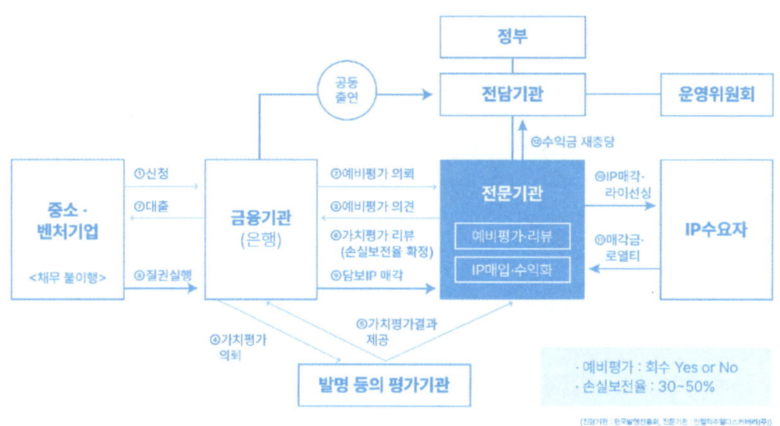


회수 지원 기구 운영 체계도(출처: 특허청, 한국발명진흥회)

## Chapter 13

# 투자 유치
# 실전 인사이트

본 내용은 서강대학교 경영전문대학원 수업 (SBVA 최지현 이사)의 「투자 유치 전략과 인사이트」 강의 자료를 바탕으로, 저자의 실전 경험과 자금 조달 과정에서의 통찰을 더해 정리한 것입니다.

기업을 운영하면서 가장 자주 듣는 말 중 하나는 "투자받았어?"였습니다. 처음엔 자금이 절실해 무작정 투자자 미팅을 추진했지만, 번번이 고배를 마셨습니다. 그러다 서강대 대학원 강의에서 '투자 유치란 결국, 신뢰를 얻는 일'이라는 통찰을 얻고 나서야, 진짜 준비가 무엇인지 보이기 시작했습니다.

이 장에서는 투자 유치의 실전 전략과 피해야 할 실수, 그리고 성공을 위한 핵심 인사이트를 구체적으로 정리합니다.

### ① 투자자는 스타트업의 '미래'를 보고 투자한다

투자자들은 현재보다 미래 가치에 주목합니다. 예를 들어, 매출이 낮더라도 명확한 성장 계획, 검증된 고객 반응, 재현 가능한 수익 모델이 있다면 충분히 투자 대상으로 고려됩니다.

강의에서 다룬 '당근마켓' 사례처럼, 수익이 없더라도 명확한 비전과 사용자 성장률만으로 Series A에서 수십억 투자를 유치할 수 있었습니다.

### ② 투자 유치의 '타이밍'이 성공을 좌우한다

투자 유치는 회사의 성장 곡선과 시장 분위기가 맞물리는 순간이 중요합니다. 너무 이르거나, 반대로 기회를 놓치고 나서 투자자를 찾으면 어렵습니다.

2020~2021년 고평가로 투자받은 기업들이 지금 조정 국면에 들어선

상황은 '타이밍'의 중요성을 다시 일깨워 줍니다.

### ③ '적절한 투자자'를 찾는 것이 중요

자금만 보는 것이 아니라, 전략적 시너지와 '성장 단계에 맞는 투자자'를 찾는 것이 핵심입니다(예: 초기에는 엔젤, 시드 펀드, 엑셀러레이터 / 성장기에는 VC, PE / 후기에는 M&A나 IPO 중심 투자자).

### ④ 투자자는 '창업자와 팀'을 보고 투자한다

기술보다 중요한 건 '사람'입니다. 특히 창업자의 문제 해결 능력, 시장 이해력, 팀워크는 가장 큰 판단 기준입니다.

필자도 창업 당시 "왜 당신이 이 일을 하는가?"라는 질문에 답을 못하면서 좋은 기회를 놓쳤던 적이 있습니다.

### ⑤ 투자자 미팅에서는 숫자로 말해야 한다

감성적인 이야기보단 '핵심 수치(KPI)'로 이야기해야 합니다.

TAM/SAM/SOM(총시장/유효시장/점유시장), CAC, LTV, 사용자 전환률, 반복 구매율 등 실질 지표를 기반으로 설명해야 합니다.

### ⑥ 투자 유치는 '스토리텔링'이 중요하다

단순히 수치를 나열하는 것이 아닌, '문제 → 해결책 → 성장 전략 → 팀 역량 → 기대 성과'로 이어지는 흐름 있는 스토리 구성이 효과적입니다.

강의 속 실제 투자사 심사역들이 '스토리의 논리성과 몰입도'에 매우 민감하게 반응한다는 점은 큰 인사이트였습니다.

## 2. 투자 유치 시 반드시 피해야 할 실수

### ① 비현실적인 벨류에이션(기업 가치) 설정

근거 없는 고평가는 오히려 투자자를 멀어지게 만듭니다.

시장/경쟁사/수익 전망 등을 기반으로 현실적인 수준에서 협상하는 것이 필요합니다.

*** 벨류에이션 평가 항목별– 투자자 시각에서 코멘트

**재무적 안정성**

➡ 투자자는 위기 상황에서도 생존 가능한 재무 구조를 높게 평가합니다.

➡ 안정적인 현금흐름, 낮은 부채비율, 일관된 회계 투명성이 있어야 '안전한 투자'로 인식됩니다.

➡ 재무안정성은 단기 리스크 방어를 위한 최소 조건입니다.

**미래 성장가능성**

➡ 투자자는 현재 실적보다 향후 3~5년 내 매출·이익 확대 가능성을 중시합니다.

➡ 산업 성장률 대비 기업 성장 속도가 빠른지, 신시장·신사업 확장력이 있는지

를 봅니다.

➡ 차별화된 기술·브랜드·네트워크로 지속성장을 담보할 수 있어야 합니다.

### 시장 규모와 점유율 확대 잠재력

➡ TAM/SAM/SOM 분석을 통해 시장의 크기와 점유율 성장가능성을 평가합
니다.

➡ 성장성이 큰 시장에서 아직 점유율이 낮다면, 향후 성장 여력이 크다고 판단
됩니다.

➡ 포화 시장에서는 점유율 확대 전략이 구체적으로 제시되어야 합니다.

### 경쟁 우위의 지속성

➡ 경쟁사가 쉽게 따라 할 수 없는 진입장벽이 있는지를 중요하게 봅니다.

➡ 특허·노하우·브랜드 충성도·네트워크 효과 등 장기 경쟁력 요인이 필수입니다.

➡ 지속 가능 경쟁 우위가 있으면 밸류에이션 프리미엄이 가능합니다.

### 수익 모델의 확장성과 반복성

➡ 투자자는 단발성 매출보다 반복적·예측 가능한 수익 구조를 선호합니다.

➡ 구독 모델, 장기 계약, 플랫폼 기반 수익처럼 확장성과 재현성이 높을수록 가
치가 상승합니다.

➡ 다양한 수익원 확보는 시장 변동 리스크를 줄입니다.

### Exit 가능성

➡ IPO, M&A, 세컨더리 거래 등 투자금 회수 경로가 명확해야 합니다.

➡ 회수 시점의 밸류에이션이 상승할 수 있는 구조여야 합니다.

➡️ 명확한 Exit 전략은 투자 결정 속도를 높입니다.

### ② 투자자와의 '관계 관리' 부족

투자자는 단순 자금원이 아닌, 동반자입니다. 투자 이후에도 주기적인 리포트, 피드백 공유 등 신뢰를 구축하는 커뮤니케이션이 중요합니다.

### ③ IR 피칭 준비 부족

IR 미팅에서 발표는 단순 프레젠테이션이 아닙니다. 메시지 전달력, 숫자의 신뢰도, 팀의 태도까지 종합적으로 평가받는 자리입니다.

강의에서 "IR 피칭 전 A/B 테스트는 기본이다."라는 조언이 깊이 남았습니다.

## 3. 성공적인 투자 유치를 위한 핵심 요약

### ① 투자자는 현재보다 '미래 성장가능성'을 중요하게 평가

수익보다 확장성과 시장 장악력이 핵심 판단 기준이 됩니다.

"투자자는 현재보다 '미래 성장가능성'을 중요하게 평가한다."라는 문장은, 밸류에이션과 투자 판단에서 단기 실적보다 장기 가치 창출 능력을 우선시한다는 뜻입니다.

### 투자 판단의 핵심은 미래 수익 창출력

투자자는 자본을 투입한 뒤 회수 시점(Exit)에 더 큰 가치를 얻는 것을 목표로 합니다. 따라서 현재의 재무 지표보다 향후 시장 확장, 제품 혁신, 신규 수익원 창출 가능성을 더 중시합니다.

### 과거·현재 성과는 '기초 체력', 미래 성장성은 '성장 동력'

과거 실적은 기업이 현재까지 얼마나 안정적으로 운영되었는지 보여 주는 '기초 체력'입니다. 하지만 밸류에이션의 상승 폭을 결정짓는 것은 향후 3~5년간 매출과 이익이 얼마나 늘어날 수 있느냐는 성장 동력입니다.

### 시장 확대와 경쟁 우위의 지속성

성장가능성 평가 시, 산업 성장률과 시장 점유율 확대 여력을 함께 봅니다. 경쟁사가 쉽게 모방할 수 없는 차별화된 기술·브랜드·네트워크가 있어야 지속성장이 가능합니다.

### VC·PE·전략적 투자자의 시각

벤처캐피털(VC)은 초기 적자가 있더라도 성장 속도와 시장 장악력을 중시합니다. 사모펀드(PE)나 전략적 투자자(SI)는 시너지 효과와 장기 수익 극대화를 기대합니다.

> "투자자는 과거 실적이 아닌, 향후 3~5년 내 기업이 시장에서 차지할 위치와 수익성 확대 가능성을 더 중시합니다. 현재 재무안정성은 필수 전제이지만, 기업이 장기적으로 높은 밸류에이션을 유지·확대하려면 미래 성장성이 뒷받침되어야 합니다."

## ② 투자 유치는 타이밍과 투자 트렌드가 중요

투자시장이 뜨는 시기, 투자자 입장 변화 등을 감지하고 유연하게 대응하는 것이 필요합니다.

"투자 유치는 타이밍과 투자 트렌드가 중요하다."라는 말은, 단순히 좋은 사업 아이템과 성과만으로는 충분하지 않고 언제, 어떤 시장 흐름 속에서 자금을 유치하느냐가 성공 여부를 크게 좌우한다는 의미입니다.

### 타이밍의 중요성

투자자는 기업의 사업 단계와 시장 상황이 맞아떨어질 때 투자를 결정하는 경향이 큽니다.

초기(Seed) 단계에는 아이디어·팀 역량 중심, 성장(Stage) 단계에는 매출·확장성 중심, Pre-IPO 단계에는 안정성과 수익성을 중시합니다.

경기 사이클, 금리 수준, IPO·M&A 시장의 활황기 여부가 투자 의사결정에 직접 영향을 미칩니다.

너무 이른 시점의 투자 유치는 기업 가치가 낮아 희석이 크고, 너무 늦으면 경쟁사에 기회를 빼앗기거나 성장 속도가 둔화될 수 있습니다.

### 투자 트렌드의 중요성

자금이 몰리는 분야와 산업은 시기에 따라 변합니다. 예를 들어, 한 시기에는 AI·친환경·바이오가 집중적으로 주목받고, 또 다른 시기에는 모빌리티·핀테크·에너지 저장이 주목을 받습니다.

정부 정책, 글로벌 이슈, 기술혁신이 투자 트렌드를 크게 바꿉니다(예: ESG 정책 강화 → 친환경 기술 투자 급증).

트렌드에 부합하면 투자자 발굴이 용이하고, 밸류에이션 프리미엄을 받을 가능성이 높습니다.

### 타이밍 + 트렌드 결합 효과

적절한 시기에 시장이 원하는 분야에서 자금을 유치하면 투자자의 관심·경쟁 입찰·유리한 조건을 동시에 얻을 수 있습니다.

반대로, 타이밍이 어긋나고 트렌드에서 벗어난다면, 아무리 좋은 기술과 성과가 있어도 투자 유치가 지연되거나 불리한 조건을 받을 수 있습니다.

> "투자 유치는 기업 내부 준비도만큼이나 외부 환경과의 조화가
> 중요합니다. 시장의 흐름과 투자자의 관심 분야를 정확히 읽고,
> 가장 유리한 시점에 자금을 조달해야 합니다. 이를 위해 기업은 평소에
> 시장 동향을 모니터링하고, 자금 유치의 '골든타임'을 잡아야 합니다."

## ❸ 적절한 투자자를 타겟팅하고, 맞춤형 피칭 전략을 수립

전 투자자에게 동일한 자료를 쓰는 실수는 피해야 하며, 대상에 맞는 자료 구성과 용어 사용이 필요합니다.

## ❹ 투자자 미팅에서는 감성이 아닌 데이터 중심으로 설득

말보다는 수치, 추상보다는 증거로 커뮤니케이션하세요.

## ❺ IR 피칭은 스토리텔링, 논리적이고 직관적 전달

핵심 메시지는 단순하고, 기억에 남아야 합니다.

## ❻ 투자 이후 관계 지속 관리

투자 유치는 '한 번의 이벤트'가 아닌 '지속적 관계 관리'의 출발점임을 기억해야 합니다.

### 투자 유치, '신뢰'의 설계

사업 초기에 저는 투자가 '돈을 받는 일'이라고만 생각했습니다. 하지만 서강대 수업과 수많은 미팅 경험을 통해 '신뢰를 쌓는 일'이라는 것을 알게 되었습니다.

투자자는 결국 창업자와 팀이 만들어 갈 '미래의 가능성'에 베팅합니다. 그 미래를 수치로 말하고, 이야기로 풀어내며, 태도로 보여 주는 것이 진짜 IR 전략입니다. 이 글이 실제 투자 유치를 준비하는 여러분에게 실질적인 가이드가 되길 바랍니다.

## 4. 투자 유치 협상 포인트

## ❶ 기업 가치(Valuation)

▶ 사전(Pre-money) 밸류에이션과 사후(Post-money) 밸류에이션을 명확히 설정

하여 협상해야 합니다.

- ▶ 초기 투자인 경우 지나친 고평가는 추후 라운드에서 다운 라운드 위험을 초래할 수 있으므로, 현실적이면서 성장성을 반영한 기업 가치 산정 근거를 제시하는 것이 중요합니다.

- ▶ 경쟁사 밸류에이션, 시장 성장률, 기술력과 지식재산권(IP) 가치 등을 활용해 합리적인 근거를 제시해야 합니다.

## ❷ 지분율(Dilution)과 의결권 구조

- ▶ 투자 대비 지분 희석(Dilution) 비율을 최소화하는 방안을 모색해야 합니다.

- ▶ 보통주(Common Stock)와 우선주(Preferred Stock) 발행 조건을 구분하여 협상하는 것이 필요합니다.

- ▶ 의결권 비율, 주요 경영 사항에 대한 투자자 동의권(Veto Right) 조항을 세밀히 검토해야 합니다.

- ▶ 창업자가 과도하게 지분을 잃을 경우 경영권 리스크가 발생할 수 있으므로, 창업자 보호 조항(Founder Protection Clause)을 협상 포인트로 설정하는 것이 유리합니다.

## ❸ 투자금 사용 목적과 트랜치(Tranche 조건

- ▶ 투자금이 일괄 지급인지, 단계별 지급(Tranche)인지를 협상해야 합니다.

- ▶ 단계별 지급 시 KPI(핵심 성과 지표) 설정을 명확히 하고, 지나치게 불리한 조건 (과도한 성과 기준, 짧은 평가 기간)을 피해야 합니다.

- ▶ 투자금의 사용 용도를 명확히 계획해 제시하면, 투자자와 신뢰 구축에 도움

이 되며 불필요한 간섭을 줄일 수 있습니다.

## ④ 투자자 권리 조항

- 청산우선권(Liquidation Preference): 투자자가 회수 시 우선순위를 갖는 조항으로, 배수(Multiple)와 방식(Participating/Non-Participating)을 기업에 유리하게 협상해야 합니다.
- 전환권(Convertible Right): 전환 시점과 조건을 명확히 하여 기업의 향후 지분 희석을 최소화해야 합니다.
- 보호 조항(Anti-Dilution Clause): 향후 평가가 하락할 경우 투자자 보호를 위한 조항이지만, 과도한 조건은 기업에 불리하므로 가중평균 방식(Weighted Average)을 선호하는 방향으로 협상하는 것이 좋습니다.
- 우선매수권(Right of First Refusal, ROFR), 동반매도청구권(Tag-along Right), 강제매도권(Drag-along Right) 등은 기업의 향후 지분 거래에 영향을 미치므로 제한을 두는 방안을 고려해야 합니다.

## ⑤ 경영 간섭 범위

- 투자자가 이사회(Board)에 참여하는 경우, 의결권 비율과 거부권 행사 범위를 협상해야 합니다.
- 핵심 경영 사항(대표이사 선임·해임, 신규 사업 진출, 추가 자금 조달, M&A, 대규모 투자 집행 등)에 대한 투자자 승인 필요 범위를 과도하게 두지 않도록 협상해야 합니다.
- 기업의 독립적 의사결정권을 확보하는 것이 장기적 성장에 필수적입니다.

## ❻ 투자 후 Exit 조건

➡️ IPO, M&A 등 투자금 회수(Exit) 방식에 대한 투자자 요구 사항을 사전에 명확히 해야 합니다.

➡️ 투자자가 특정 시점 이후 강제 매각을 요구할 수 있는 풋옵션(Put Option), Drag-along 권리 조건을 신중히 검토해야 합니다.

➡️ 기업은 Exit 일정과 방식에 대한 유연성을 확보할 수 있는 조건을 협상해야 합니다.

## ❼ 후속 투자(Series B, C 등) 연계

➡️ 투자자가 후속 라운드 참여 의무를 부담하도록 하거나, 우선투자권(Pre-emptive Right) 조건을 협상해 미래 자금 조달 불확실성을 줄이는 방안을 고려할 수 있습니다.

➡️ 후속 투자 시 기업 가치 재산정 방식에 대한 명확한 합의가 필요합니다.

## ❽ 비재무적 가치(Strategic Value)

➡️ 투자자 네트워크, 해외 진출 지원, 기술 제휴 등 전략적 지원 가치를 협상 포인트로 활용할 수 있습니다.

➡️ 단순 재무적 투자자(FI)보다 '전략적 투자자(SI, CVC)'가 제공할 수 있는 가치를 극대화하도록 조건을 유리하게 조율하는 것이 좋습니다.

**요약**

투자 유치 협상에서 기업은 단순히 '투자금 확보'에만 집중하지 않고, 지분 희석 최소화 경영권 보호, 불리한 청산·보호 조항 방지, 자금 사용 및 Exit 조건에서의 유연성 확보를 핵심 목표로 협상을 진행해야 합니다. 전문 법률 자문을 활용해 투자 계약서(주주 간 계약 포함)를 면밀히 검토하는 것이 필수적입니다.

## 5. 투자자 미팅 체크리스트

### ① 사전 준비

| 번호 | 항목 | 체크 | 코멘트 |
| --- | --- | --- | --- |
| 1 | 투자 분야와 포트폴리오 사전 조사 | ☐ | 맞춤형 피칭을 위해 필수 |
| 2 | 투자자의 과거 투자 사례와 성향 분석 | ☐ | 성공. 실패 사례 기반 투자 포인트 파악 |
| 3 | 투자자 회사의 최신 뉴스·이슈 파악 | ☐ | 최근 동향 언급으로 준비성 어필 |
| 4 | 미팅 목적과 핵심 메시지 명확화 | ☐ | 한 문장으로 기업 가치 설명 |
| 5 | 예상 질문 리스트와 답변 준비 | ☐ | 난처한 질문 대비 |
| 6 | 최신 재무·성과 데이터 업데이트 | ☐ | 최신 기준 반영 |
| 7 | IR 자료·피치 덱 최종 점검 | ☐ | 오탈자·수치 오류 제거 |
| 8 | 경쟁사 동향과 시장 비교 데이터 준비 | ☐ | 경쟁 우위 근거 강화 |
| 9 | 투자자의 심사 및 산업 트랜드 리포트 확보 | ☐ | 시장 통찰력 전달 |
| 10 | 미팅 일정·장소·참석자 재확인 | ☐ | 혼선 방지 |

## ② 첫인상

| 번호 | 항목 | 체크 | 코멘트 |
|---|---|---|---|
| 11 | 깔끔하고 단정한 복장 착용 | ☐ | 업종에 맞는 전문성 |
| 12 | 시간 최소 10분 전 도착 | ☐ | 지각은 신뢰 하락 |
| 13 | 명확하고 단호한 첫 인사 | ☐ | 자신감 있는 첫 이미지 |
| 14 | 미소와 자연스러운 시선 맞춤 | ☐ | 긴장 완화·호감 형성 |
| 15 | 악수 시 손 힘과 자세 조절 | ☐ | 지나치게 강·약하지 않게 |
| 16 | 자기소개 간결·임팩트 있게 | ☐ | 30초 내외로 핵심 전달 |
| 17 | 명함은 상대방이 먼저 보이도록 전달 | ☐ | 예의·세심함 표현 |
| 18 | 착석 위치와 자세 자연스럽게 유지 | ☐ | 편안한 대화 환경 |
| 19 | 첫 대화는 가벼운 아이스브레이킹 | ☐ | 분위기 부드럽게 |
| 20 | 휴대폰은 무음 처리 | ☐ | 방해 요소 차단 |

## ③ 대화 태도

| 번호 | 항목 | 체크 | 코멘트 |
|---|---|---|---|
| 21 | 경청하며 상대 발언 존중 | ☐ | 메모로 관심 표현 |
| 22 | 불필요한 방어적 태도 지양 | ☐ | 공격적 인상 방지 |
| 23 | 질문에 솔직·명확하게 답변 | ☐ | 모르면 후속 안내 |
| 24 | 전문 용어 사용 시 설명 병행 | ☐ | 이해 수준 맞추기 |
| 25 | 부정적 이슈는 숨기지 않기 | ☐ | 해결책 중심 제시 |
| 26 | 긍정적 에너지·자신감 유지 | ☐ | 표정·제스처 중요 |
| 27 | 장황한 설명 지양 | ☐ | 핵심 위주 전달 |
| 28 | 반응 관찰·속도 조절 | ☐ | 집중도 유지 |
| 29 | 의견·요청 사항 메모 | ☐ | 후속 대응 활용 |
| 30 | 토론·반론 시 예의 유지 | ☐ | 감정적 대응 금지 |

## ④ 자료 활용

| 번호 | 항목 | 체크 | 코멘트 |
| --- | --- | --- | --- |
| 31 | 핵심 중심 슬라이드 제시 | ☐ | 정보 과다 방지 |
| 32 | 데이터 출처·근거 명확화 | ☐ | 신뢰 확보 |
| 33 | 불필요한 텍스트 과다 지양 | ☐ | 시각 자료와 균형 |
| 34 | 시각 자료 가독성 확보 | ☐ | 단순·명료 디자인 |
| 35 | 예시·사례 활용 | ☐ | 공감대 강화 |
| 36 | 투자자 맞춤형 자료 준비 | ☐ | 대상별 핵심 포인트 |
| 37 | 숫자·지표 정확 제시 | ☐ | 신뢰성 유지 |
| 38 | 화면 전환·설명 자연스럽게 | ☐ | 발표 흐름 유지 |
| 39 | 인쇄물 사전 준비·전달 | ☐ | 시각·물리 자료 병행 |
| 40 | 자료 내용·발언 일치 | ☐ | 메시지 일관성 |

## ⑤ 마무리

| 번호 | 항목 | 체크 | 코멘트 |
| --- | --- | --- | --- |
| 41 | 미팅 시간 준수 | ☐ | 집중력 유지 |
| 42 | 핵심 포인트 재강조 | ☐ | 3~4개로 압축 |
| 43 | 후속 일정 제안 | ☐ | Next Step 제시 |
| 44 | 감사 인사·명함 교환 | ☐ | 마지막 이미지 강화 |
| 45 | 긍정적 마무리 멘트 | ☐ | 다음 만남 유도 |
| 46 | 답변 못 한 질문 후속 안내 | ☐ | 관심 유지 |
| 47 | 투자자 의견·관심 포인트 재확인 | ☐ | 자료 보완 |
| 48 | 장소 먼저 떠나도록 배려 | ☐ | 예의 표현 |

**6** 후속 관리

| 번호 | 항목 | 체크 | 코멘트 |
|---|---|---|---|
| 49 | 24시간 내 감사 메일 발송 | ☐ | 핵심 내용 요약 포함 |
| 50 | 요청 자료·정보 기한 내 전달 | ☐ | 신뢰 연결 고리 |

## Chapter 14

# 해외 투자 유치

# 해외 투자가 필요한가?

## ❶ 왜 해외자본인가?

　국내 스타트업 생태계가 성장하며 규모 있는 자금 조달의 필요성도 커지고 있습니다. 특히 본격적인 성장 단계에 들어선 스타트업에는 사업 확장을 위한 대규모 투자가 필수적입니다. 정주영 회장이 거북선이 그려진 500원 지폐를 들고 자금 유치하던 시절과 비교가 되지 않을 수준으로 국내 자본시장도 성장한 것이 사실이지만, 여전히 국내 자본의 규모의 한계와 위험 회피적 투자 성향으로 인해 충분한 자금 조달이 쉽지 않은 경우가 많습니다[1][2]. 국내 자본시장보다 큰 규모의 투자가 가능하며, 다양한 글로벌 네트워크를 보유한 해외자본은 국내 스타트업의 본격적인 성장과 해외 진출을 지원하는 데 큰 역할을 할 수 있습니다. 접근이 상대적으로 쉬운 국내에서조차 자본 유치가 쉽지 않은 상황에서 해외자본을 말하는 것이 비현실적으로 느껴지는 이들도 있겠지만, 이미 국내에 많은 해외자본이 들어와 활동하고 있습니다[4].

　대부분의 해외 투자자는 국내 투자자들과 비교하면 상대적으로 큰 규모의 자본을 운용하며, 국제적 영향력을 목표로 하는 스타트업에 적극적으로 투자합니다[5]. 특히 대규모 투자가 필요한 성장기 스타트업에는 이러한 해외자본의 속성을 이해하는 것이 매우 중요합니다. 국내 VC들은 보수적 성향과 제한된 펀드 규모로 큰 투자를 꺼리지만, 글로벌 VC들은 국제적 확장 가능성이 큰 고성장 기업에서 보다 적극적으로 투자합니다.

　또한, 해외자본은 단순한 재정적 지원 이상으로, 스타트업이 글로벌시장에서 성장할 수 있도록 다양한 전략적 가치를 제공할 수 있습니다. 해외 VC나 기업형 벤처 투자(CVC) 기관들은 이미 보유한 국제 네트워크, 글로벌 육성 경험, 산업별 전문 지식으로 무장하고 스타트업에 맞춤형 전략과 운영 지침을 제공합니다[6]. 이를 통해 스타트업은 장기적인 성장과 지속 가능한 수익성을 위한 명확한 로드맵을 마련할 수 있습니다.

해외의 저명한 투자자로부터 투자를 유치하는 것은 스타트업의 신뢰성을 크게 높이고 후속 투자 유치에도 유리하게 작용합니다[7]. 국제적으로 인정받는 투자 기관의 참여는 스타트업이 글로벌 경쟁력을 갖췄다는 신호가 되어, 이는 국내외 다른 투자자들의 관심을 끌어 더 많은 투자 기회를 만들어 냅니다. 또한 해외 투자 유치는 스타트업의 글로벌 인지도와 브랜드 가치를 높이며, 기업 성장과 성공 가능성을 높입니다.

특히 해외 기업 투자자들은 자본 투자와 더불어 기술 제휴, 인프라 공유, 시장 채널 확장과 같은 전략적 부가가치를 제공합니다. 예를 들어 글로벌 유통사가 국내 유통사에 대한 투자를 통해 자사의 글로벌 네트워크와 연계하거나, AI 기술 기반 여러 기업의 지분을 보유한 투자자가 국내 유관 기업에 대한 투자를 통해 시너지를 창출하는 등의 사례가 발생하고 있습니다[8]. 이와 같은 '스마트 머니' 투자 방식은 국내 자금만으로 얻기 힘든 전략적 지침과 다양한 기회를 제공하며, 글로벌시장 확장과 제품 현지화 등 스타트업의 글로벌 성공 가능성을 높이는 데 중요한 역할을 합니다[9].

스타트업이 지속 가능한 성장을 추구하기 위해서는 국내 자본 시장의 한계를 극복하고 해외자본의 투자 역량과 전략적 가치를 적극적으로 활용하는 것이 필수라 할 수 있습니다. 국내 시장을 넘어 글로벌시장에서 경쟁력을 확보하기 위해서는 스타트업 스스로 해외자본 유치에 적극적으로 나설 필요가 있습니다.

## ❷ 해외 투자자의 유형

해외 투자자는 다양한 유형으로 나눌 수 있으며, 각 유형별로 투자 목적, 규모, 전략 등이 상이하나 다양한 전략을 함께 구사하는 투자자들도 있어 해당 펀드나 투자자의 유형을 명확히 설명하기 어려운 경우도 많습니다[10].

벤처캐피털(VC)은 스타트업에 투자하는 주요 해외 투자자 유형 중 하나로서 이들은 초기 단계(시드 및 시리즈 A)부터 성장 단계까지 다양한 단계의 스타트업에 투자하며, 일부 해외 VC는 아시아 또는 한국 스타트업에 특화된 펀드를 운영하기도 합니다[11]. 예를 들어 소프트뱅크 벤처스 아시아 등이 대표적인 사례입니다. 유명한 VC로는 국내에도 많이 알려진 소프트뱅크의 비전펀드, 세쿼이아 캐피털 등이 있습니다[12].

▶ 세쿼이아 캐피털(Sequoia Capital): 애플, 구글, 엔비디아, 에어비앤비 등 수많은 성공적인 스타트업에 초기 투자한 것으로 유명합니다.

▶ 앤드리슨 호로위츠(Andreessen Horowitz, a16z): 스트라이프, 오픈AI, 데이터브릭스 등 혁신적인 기술 기업에 투자하는 선도적인 VC입니다.

▶ 타이거 글로벌 매니지먼트(Tiger Global Management): 전 세계적으로 다양한 성장 단계의 스타트업에 공격적으로 투자하는 것으로 알려져 있습니다. GrubMarket, Flock Safety 등에 투자했습니다.

▶ 소프트뱅크 비전펀드(SoftBank Vision Fund): 대규모 자금을 바탕으로 성장 후기 단계의 유망 기업에 집중 투자하는 펀드로 그 규모로 명성이 높습니다[1].

엔젤 투자자는 VC와는 달리 대부분 개인의 자산을 활용하여 초기 단계 스타트업에 투자하는 고액 자산가입니다. 이들은 개인 또는 엔젤 투자자들 간에 형성된 네트워크를 통해 활동합니다. VC에 비해 투자 규모는 작을 수 있지만, 초기 스타트업에게 중요한 시드머니를 제공하고 본인의 경험과 네트워크를 공유하며 성장을 돕는 역할을 많이 합니다. 구조화된 VC보다 투자 규모가 작을 수는 있으나, 개인의 신념이나 관심사에 따른 의사결정 구조 자체가 간결하여 빠른 결정이 가능합니다. 국내에는 『제로 투 원』이라는 저서로도 유명한 피터 틸이 있고, 세계의 혁신을 이끌고 있는 일론 머스크 또한 엔젤 투자자로 분류할 수 있습니다[13].

- 피터 틸(Peter Thiel): 페이팔 공동 창업자이자 초기 페이스북 투자자로 유명합니다. 팔란티어 테크놀로지스의 공동 창업자이기도 합니다.
- 리드 호프먼(Reid Hoffman): 링크드인 공동 창업자이자 Greylock Partners의 파트너로, 다양한 기술 스타트업에 투자했습니다.
- 일론 머스크(Elon Musk): 테슬라, 스페이스X 등의 CEO이며, 초기 단계의 혁신적인 기술 스타트업에 투자하는 엔젤 투자자이기도 합니다[14].

기업 벤처캐피털(CVC)은 대부분 다국적 대기업들에 소속된 투자 부서로, 해당 기업의 전략적 목표 달성을 위해 신기술 확보, 신흥 시장 진출, 경쟁 우위 확보 등을 목적으로 관련 스타트업에 투자합니다. 최근 국내에도 대기업들의 CVC가 늘어나는 추세이며, 해외 CVC 중 일부는 한국의 강력한 제조 기반과 기술력, 동남아에 대한 문화 파급력 등으로 매력을 느껴 관심이 높아지는 것으로 알려졌습니다. 해외 CVC로부터의 투자는 잠재적인 파트너십, 공동 프로젝트, 심지어 인수합병으로 이어져 스타트업에 상당한 성장 기회를 제공할 수 있습니다. 초거대 글로벌 기업인 구글, 우리나라의 삼성 등이 CVC로서 활동하고 있습니다[15].

- **구글 벤처스(GV, 이전 Google Ventures)**: 알파벳(Google의 모회사)의 벤처캐피털로 알려져 있으며 Uber, Slack 등에 투자했습니다. AI 기술을 비롯한 핀테크, 헬스테크, 컨슈머 관련 기술 등 매우 다양한 분야의 스타트업에 투자 중입니다.
- **Microsoft Ventures(M12)**: 마이크로소프트 또한 PC용 OS 시장이나 클라우드 기술의 확장을 위해 다양한 기술 분야에 많은 투자를 해 왔습니다. 엔터프라이즈 소프트웨어, AI, 사이버 보안, 클라우드 컴퓨팅이 주요 대상이며 최근에는 OpenAI의 주요 투자자로 유명합니다.
- **Siemens Next47**: 폭넓은 기술 제품군을 자랑하는 지멘스 또한 자체의 다양한 기술 및 글로벌 네트워크를 활용하고 시너지를 내기 위해 다양한 산업 기술, IoT, AI 등에 투자 중인 것으로 알려져 있습니다.
- **BP Ventures**: 국내에는 정유 기업으로 알려진 BP 등 에너지 기업들 또한 친환경으로의 전환에 대응하기 위한 다양한 기술발굴을 위해 매우 활발한 투자 활동을 벌이고 있습니다. BP의 경우 청정에너지, 모빌리티를 비롯하여 각종 디지털 전환/혁신에 이르는 기술군에 투자 중입니다.
- **M Ventures(Merck), Sanofi Ventures**: 제약, 바이오 분야의 생존 방식 또한 과거와는 많이 달라져 있습니다. 자체 기술 개발을 최소화함으로써 리스크를 줄이고, 대신 기초적인 성공 가능성이 확인된 다양한 기술이나 소규모 기업을 인수하는 방향을 선호하고 있습니다. 머크, 사노피 등 글로벌 바이오 기업들의 자체 투자 예산의 규모가 매우 방대한 것으로 알려져 있습니다.
- **LG Technology Ventures, 삼성 넥스트(Samsung NEXT)**: 우리나라의 삼성과 LG 또한 신기술 확보를 위한 CVC의 활동 영역을 넓혀 나가는 중입니다.

관련 통계는 우리나라 스타트업 투자 대비 CVC의 투자 비중이 약 30% 수준인 것으로 확인되고 있으며, 또 알려진 바와 다소 다르게 대기업의 비중은 20% 수준이지만 중견기업의 비중이 50%를 넘나들고 있어 국내 중견기업의 기술 확보 경쟁이 치열함을 확인할 수 있습니다[7].

사모펀드(PEF)는 일반적으로 더 성숙한 단계의 스타트업이나 비상장 기업 등에 주로 투자하지만, 사적 펀드의 특성상 투자 대상 선정에 있어 매우 유연한 편이며, 투자 대상 기업의 구조조정을 통한 가치 상승이나 기업공개(IPO), 인수합병(M&A)을 통한 투자 회수를 목표로 합니다. 세계 최대 규모로 국내에도 많이 알려진 블랙스톤(Blackstone Group), 칼라일(The Carlyle Group) 등이 사모에 속합니다. 실버레이크(Silver Lake)는 에어비앤비, 알리바바와 같은 매우 성공적인 초기 투자 사례를 보유하고 있고, 인사이트 파트너스(Insight Partners)는 Series A부터 후기까지 진입하는 벤처캐피털과 사모 역할을 모두 하는 것으로 알려져 있습니다. 다양한 통계를 통해 알려진 바와 같이 여전히 사모펀드의 초기 단계 스타트업에 대한 투자 비중 자체는 높지 않은 편이지만, 최근 AI 관련 산업의 급속한 확장으로 다수의 사모펀드가 유연한 운영 방식을 장점으로 활용하여 다양한 부문에 공격적인 투자를 집행하고 있는 상황입니다. 한국의 스타트업 생태계가 성숙해짐에 따라 성장 잠재력이 높은 사업체를 찾는 해외 PEF의 투자가 늘어날 것으로 예상됩니다. 실제로 최근의 지정학적인 다양한 이유로 자본의 이동이 제한을 받으며 국내 스타트업이 미국계 사모펀드로부터 러브콜을 받았다는 이야기가 자주 들리고 있습니다[16].

액셀러레이터 및 인큐베이터는 초기 단계 스타트업에게 멘토링, 자원, 네트워크와 때로는 시드 자금을 제공하는 프로그램 또는 기관을 말합니다. 우리나라에서는 최근에서야 정착하기 시작한 개념으로 많이 알려진 'Y컴비네이터(Y Combinator)'와 같은 액셀러레이터는 대부분 미국계인 상황입니다. 하지만 우리나라에서도 2012년 설립되어 투자 대상이 130여 건 이상으로 높은 인지도를 갖고 글로벌 네트워크도 구축하고 있는 '스파크랩(SparkLabs)'과 같은 다수의 액셀러레이터가 활발히 활동 중입니다. 앞서 언급한 Y컴비네이터의 경우 2005년 설립 이후 7,000여 건 이상의 투자를 집행한 것으로 알려져 있습니다. 우리나라에 지사도 가진 '테크스타즈(Techstars)'의 경우도 6,000건 이상의 투자를 진행하며 글로벌 거점별 오피스를 운영하고 있습니다. 스타트업이 이러한 프로그램에 참여하면 국제적인 멘토와 투자자들을 만나고 글로벌시장으로의 진출을 가속할 수 있습니다. 액셀러레이터를 통한 투자 유치는 신뢰도 향상 효과도 있어 후속 해외 투자 유치 과정이 더욱 수월해지는 장점이 있습니다. 인큐베이터도 액셀러레이터와 여러 면에서 유사하지만, 매우 초기 상태인 기업 또는 개인을 대상으로 사무실, 설비 등을 지원하고 회사로서 기초를 다지기 위한 회계, 법률, 마케팅 등 행정적인 지원으로 회사의 형태를 가꾸어 가는 과정도 함께함을 의미합니다. 하지만 사실상 액셀러레이터가 인큐베이팅도 대부분 함께하고 있습니다. 국내 기업 중 인지도를 높여 가고 있는 '숨고', 뷰티 커머스 분야에서 확장 중인 '미미박스' 등도 Y컴비네이터 출신이며, 초기 50만 불 투자에 7% 지분 요구는 그들의 다양한 지원 프로그램과 활용 가능한 글로벌 네트워크를 고려하면 매력적이므로 국내 스타트업들이 관심을 가져 볼 대상임이 틀림없습니다[17]. 그 외에도 국가 주도 대규모 자금을 운용하는 '국부펀드'도 있고, 초고액 자산을 가진 가문의 자금을 운용하는 '패밀리 오피스' 등도 있으나, 이들의 스타트업 투자는 대부분 별도 펀드를 통하는 경우가 많습니다.

| 유형 | 주요 특징 | 투자 단계 | 투자 규모 | 주요 동기 | 위험 감수 성향 |
|---|---|---|---|---|---|
| 벤처캐피털 (VC) | 높은 성장가능성, 전문적인 투자 및 지원 | 초기~ 성장 단계 | 중간~ 큰 규모 | 높은 수익 추구 | 높음 |
| 엔젤 투자자 | 개인 자금 투자, 경험 및 네트워크 공유 | 초기 단계 | 작음 | 개인적 관심 및 수익 추구 | 높음 |
| 기업 벤처캐피털(CVC) | 대기업의 전략적 투자, 모기업과의 시너지 효과 | 초기~ 성장 단계 | 중간~ 큰 규모 | 전략적 가치 확보 및 수익 추구 | 중간 |
| 사모펀드(PE) | 후기 단계 성장 기업 투자, 스케일업 지원 | 성장 후기 단계 | 큼 | 안정적인 수익 추구 | 중간~낮음 |
| 국부펀드 (SWF) | 정부자금 운용, 포트폴리오 다각화, 장기적 수익 추구 | 다양함 | 매우 큼 | 장기적 안정성 및 수익 추구 | 낮음~중간 |
| 패밀리 오피스 | 초고액 자산가 가문 자산 관리, 유연한 투자 | 다양함 | 다양함 | 자산 증식 및 가문 사업 연계 | 다양함 |
| 액셀러레이터/인큐베이터 | 초기 스타트업 육성 및 멘토링, 소규모 지분 투자 | 초기 아이디어 단계 | 매우 작음 | 초기 성장 지원 및 수익 추구 | 매우 높음 |

### ❸ 국외 자본 투자 현황

최근 몇 년간 한국 스타트업에 대한 해외자본 투자는 다소 변동성을 보여 왔습니다.

▶ 2021~2022년에 해외 투자가 정점에 달해 약 240여 건 수준으로 활발했으나, 글로벌 투자 심리 위축의 영향으로 2023년에는 그 절반 이하 수준으

로 감소하였습니다[18][19].

➡ 2023년에 해외 투자자로부터 자금을 유치한 한국 스타트업은 약 85개로, 총 투자 유치 규모는 약 1조 1,670억 원에 달했습니다[20]. 이는 최고 수준을 기록했던 2021년(약 1조 2천억 원, 추정치) 대비 소폭 감소한 수치로, 전반적으로 해외 VC 투자가 최근 몇 년간 줄어든 추세임을 시사합니다.

➡ 이러한 감소 추세 배경에는 글로벌 경기 둔화와 투자자들의 위험 회피 성향 증가 등이 영향을 미쳤을 것으로 보입니다[21].

➡ 다만 2024년 들어서는 일부 반등한 것으로 통계 수치들이 나타나고 있습니다. 2024년 초 2개월 동안 해외 벤처 자금 조달 건수가 지난해보다 2배 가까운 수준으로 심하게 증가하여 회복의 신호를 보였습니다[22].

➡ 2024년 12월에만 해외 투자를 유치한 스타트업이 32개로 전년 동기(19개)의 약 1.7배에 달했습니다. 이는 스타트업 투자시장의 장기 침체기가 저점에 이르고 반등하기 시작했다는 긍정적인 신호로 해석될 수 있을 것입니다[22].

해외 VC 투자는 한국 스타트업 전체 투자액에서 아직까지는 2022년 4.9%, 2023년 2.1% 수준으로 작은 비중을 차지하고 있습니다.

➡ 그러나 특정 분야에서는 해외 투자자들의 관심이 두드러지고 있습니다.

➡ 특히 헬스케어 및 콘텐츠 분야 스타트업들이 해외 벤처캐피털의 주요 투자 대상으로 부상하고 있으며, 해외 시장 진출이 쉬운 딥테크 및 SaaS 기업들도 관심을 받고 있습니다[23].

➡ 또한, 소재·부품·장비, 반도체, 바이오헬스 등 국가 전략 산업 분야에 대한 해외 투자가 크게 증가하였는데, 이는 해외 투자자들이 한국의 경쟁력 있는 분야나 글로벌 수요가 높은 분야를 전략적으로 공략하고 있음을 보여 줍니다[24].

➡️ 한국의 우수한 기술력과 K-엔터테인먼트의 글로벌 인기가 결합하여 이러한 분야에서 해외 투자 유치가 활발히 이루어지고 있습니다. 한국 정부의 적극적인 노력도 해외 투자 유치에 긍정적인 영향을 미치고 있습니다[25].

➡️ 정부는 창업자와 투자자를 연결하고 신기술에 대한 투자를 촉진하는 정책을 통해 한국 스타트업 생태계를 지원하고 있으며, 해외 기업의 국내 투자 유치를 위해 다양한 프로그램을 운영 중입니다.

➡️ 이러한 정부 지원은 스타트업 생태계 기반을 조성하고 해외 투자를 유치하는 데 중요한 역할을 합니다.

➡️ 다만 급변하는 글로벌시장 상황에 맞춰 지속적인 노력과 적응이 필요합니다.

➡️ 정부 프로그램이 기본 토대를 제공할 수는 있지만, 궁극적으로 투자 유치의 성패는 스타트업 자체의 경쟁력과 시장 잠재력에 달려 있습니다.

➡️ 또한, 2025년 초기 각종 지정학적 이슈와 국내의 불안정한 상황 등으로 해외 VC들이 대거 이탈한다는 소식에 안타깝지만, 우리의 현재를 명확히 이해하고 향후 무엇이 필요한지에 대해 이해하는 기회가 되도록 깊이 있는 고민과 섬세하고도 주도면밀한 전략의 수립이 필요할 것입니다[26].

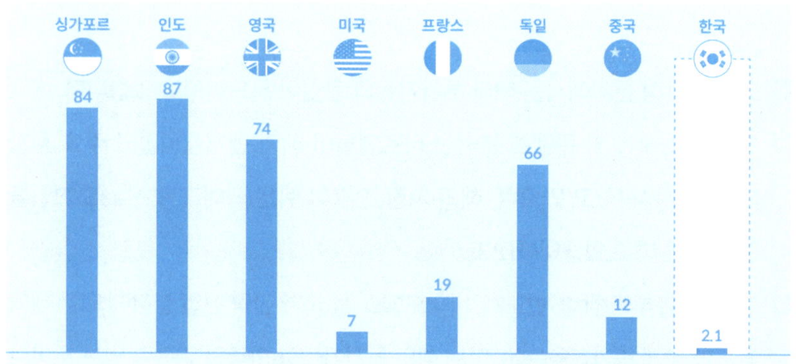


2023년 주요국의 외국계 벤처펀드 출자 비중(출처: 국회예산처 제86호, '25.1.7)

## 2. 해외 투자 현황

### ① 주요 통계

- 2021~2022년 한국 스타트업은 해외 벤처 투자(Venture Capital) 유입이 정점에 달하며 활발한 자금 유치가 이루어졌습니다(출처: korea.net).
- 2023년 누적 벤처 투자 실적은 약 7.7조 원 수준으로, 2021·2022년 대비 감소하였던 추세입니다(출처: Korea.net).
- 2024년 벤처투자시장은 전반적으로 회복 조짐을 보이고 있으며, 투자액은 약 11.9조 원, 전년 대비 9.5% 증가하였습니다(출처: 중소벤처기업부).
- 해외 VC 자금 비중은 전체 스타트업 투자액 대비 아직 낮은 편으로, 2022년 약 4.9%, 2023년 약 2.1% 수준입니다.
- 2024년 상반기 해외 자금 조달 사례로, 1~2개월 동안 해외 벤처 자금을 유치한 스타트업은 32개 사, 유치액은 약 1.35억 달러로 지난해보다 1.7배 이상 증가하였습니다(출처: Invest Korea).

### ② 실제 사례

- 쿠팡(Coupang)은 대표적인 해외 투자 유치 스타트업이며, 2018년과 2021년 소프트뱅크 비전펀드를 비롯한 글로벌 투자자들로부터 수십억 달러 규모의 투자를 유치하고 2021년 뉴욕증권거래소에 상장하였습니다.
- 패션 분야에서는 레어마켓(WE11DONE)이 2022년 세계 최대 벤처캐피털인 세쿼이아 캐피털로부터 약 1,000억 원대 투자를 유치하였으며, 이는 아시아에서도 큰 규모의 사례로 기록되었습니다.

➡ SM Culture Partners는 엔터테인먼트 스타트업 Modhaus에 2023년 약 800만 달러 규모로 Series A 투자를 집행하였으며, 이는 콘텐츠·플랫폼 분야에서의 해외 투자 사례입니다.

➡ 해외 VC 투자 외에도, 글로벌 펀드 및 PEF 시장에서 한국에 대한 투자 관심은 지속적으로 증가하는 중이며, 미주 및 아시아 지역 VC가 한국 스타트업과 협력하는 사례도 늘고 있습니다.

한국 스타트업들이 유치한 해외자본 투자 사례를 산업별, 투자자 국적별, 시기 및 규모별로 살펴보면 다양한 양상이 나타납니다. 아래에서는 이러한 분류에 따른 대표 사례들을 정리하였습니다. 이를 통해 해외 투자 유치의 흐름과 특징을 파악함으로써 향후 전략 수립에 대한 시사점을 얻을 수 있을 것입니다.

➡ 투자 분야별 해외자본 유치 사례: 해외 투자를 성공적으로 유치한 한국 스타트업들은 이커머스, 핀테크, 바이오·헬스, 콘텐츠·엔터테인먼트, AI·딥테크, 프롭테크 등 다양한 산업 분야에 걸쳐 분포해 있습니다.

➡ 투자자 국적별 동향: 한국 스타트업에 투자하는 해외 투자자들의 국적을 살펴보면, 미주와 아시아를 중심으로 다양한 투자자 풀이 존재합니다.

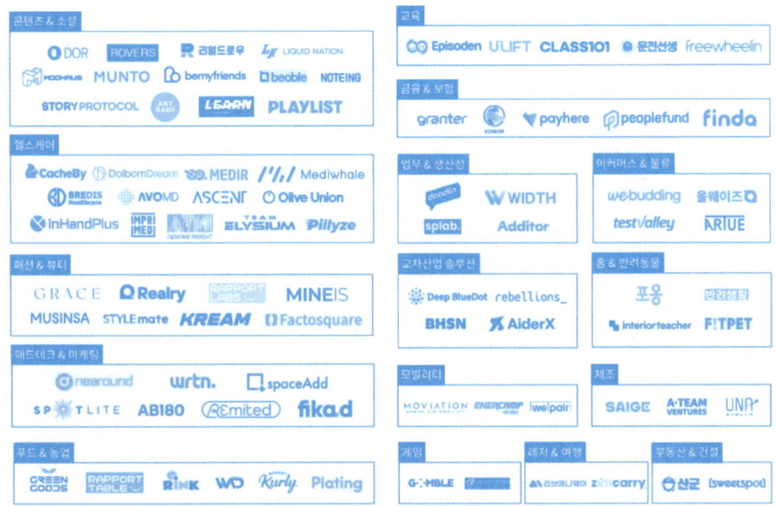

2023년 해외 투자 유치 국내 스타트업(출처: 스타트업얼라이언스)

## 3. 해외 투자 유치 전략 및 전망

### ① 해외 투자자가 원하는 기업

해외 투자자들은 혁신적인 기술, 글로벌 확장 가능성, 강력한 팀, 명확한 사업 모델, 수익성 그리고 글로벌 트렌드 부합성을 갖춘 스타트업을 선호합니다.

▶ 특히 인공지능, 바이오 기술, 첨단 제조와 같은 고성장 분야에서 독창적이고 차별화된 기술을 보유한 스타트업은 해외 투자 유치에 유리합니다[23][31].

▶ 해외 투자자들은 글로벌시장을 혁신할 수 있는 첨단 기술을 찾고 있으며,

강력한 연구개발 역량과 지적 재산권 확보가 투자 유치의 핵심 요소입니다
[19][23].

▶ 한국의 높은 연구개발 역량과 첨단 전자·제조 산업에서의 선도적 위치는 이
러한 측면에서 한국 스타트업에게 유리한 기반을 제공합니다[24].

또한, 해외 투자자들은 국내 시장에만 국한되지 않고 국제 시장에서 쉽
게 확장하고 성장할 수 있는 사업 모델을 가진 스타트업을 선호합니다.

▶ 한국 스타트업은 국제 시장 진출을 위한 명확한 비전과 전략, 철저한 시장
조사 및 현지화 계획을 제시해야 글로벌 투자자들의 관심을 끌 수 있습니다
[25].

▶ 순전히 국내 시장에만 집중하는 스타트업은 더 큰 성장 기회를 모색하는 해
외 투자자들에게는 매력이 떨어질 수 있습니다.

투자자들은 창업팀의 역량과 경험을 중요하게 평가하며, 팀의 실적, 전
문성, 비전 실행 능력 등을 종합적으로 고려합니다.

▶ 스타트업은 팀 구성원의 경험과 전문성을 강조하고, 특히 국제적인 경험이
나 관련 산업 분야에 대한 깊은 지식을 부각해야 합니다[13][31].

▶ 탄탄한 팀은 성장과 해외 진출 과정에서 발생하는 다양한 어려움을 헤쳐나
갈 수 있는 핵심 요소로 인식됩니다.

수익 창출 방식과 수익성 확보 가능성을 명확하게 제시하는 사업 모델
역시 투자 유치의 필수 조건입니다.

➡️ 해외 투자자들은 스타트업의 구체적인 재무 계획과 시장 분석을 통해 장기적인 생존 가능성을 평가합니다.

➡️ 따라서 잘 정의되고 검증된 사업 모델을 보유하는 것은 해외 투자자들에게 투자 가치와 잠재 수익을 입증하는 데 중요합니다[6][19].

지속가능성, 디지털 전환, 고령화 등 글로벌 트렌드에 부합하는 스타트업은 투자자들의 관심을 끌 가능성이 큽니다.

➡️ 스타트업의 제품 또는 서비스가 중요한 글로벌 문제를 해결하는 방식을 강조하면 사회적 책임을 중시하는 투자자들에게 매력도를 높일 수 있습니다.

➡️ ESG(환경·사회·지배구조) 요소를 투자 결정에 고려하는 추세에 따라, 긍정적인 글로벌 영향력을 미치는 스타트업이 더욱 매력적인 투자 대상이 되고 있습니다[44].

현재 해외 투자자들은 K-뷰티 및 K-패션(소비재), 핀테크, 이커머스, 반도체, 전기차, 인공지능, 바이오헬스 등 분야에 특히 높은 관심을 보이고 있습니다.

➡️ 이러한 유망 분야의 스타트업이라면 각 분야 투자자들의 구체적인 요구와 투자 기준을 파악하여 그에 맞는 투자 유치 전략을 수립하는 것이 중요합니다[22][23][31].

## ❷ 해외 투자 유치 준비 및 전략

해외 투자 유치를 위해서는 체계적인 준비와 전략 수립이 필수적입니다.

▶ 먼저 스타트업이 해결하고자 하는 문제, 제시하는 솔루션, 시장 기회, 경쟁 환경, 사업 모델, 팀 구성, 재무 예측 등을 명확하게 담은 매력적인 투자 설명 자료(Investor Deck)와 사업계획서를 준비해야 합니다.

▶ 이때 글로벌시장 관점에서 회사의 비전과 경쟁력을 강조하는 것이 중요합니다[45].

▶ 투자 설명 자료는 국제적 시각에서 명확하고 간결한 언어로 작성되어야 하며, 글로벌시장 관련 지표 및 경쟁사 비교 분석 등을 포함해야 합니다.

▶ 지나치게 로컬한 내용이나 해외 투자자들이 이해하기 어려운 가정은 피하는 것이 바람직합니다.

다음으로, 국제 스타트업 행사, 콘퍼런스, 데모데이, 투자자 미팅 등에 적극적으로 참여하여 잠재 투자자들과 네트워크를 구축하고 관계를 형성해야 합니다[6][46].

▶ 온라인 플랫폼과 글로벌 창업 커뮤니티를 활용해 해외 투자자들에게 직접 접근하는 것도 효과적입니다.

▶ 이때 단순히 투자 유치에 급급하기보다, 투자자의 관점을 이해하고 진정한 관심을 보이는 것이 중요합니다.

▶ 한국 투자자들이 대면 미팅을 중시하듯이, 해외 투자자들과도 가능하면 직접 만나 신뢰를 쌓는 노력을 기울이는 것이 유리할 수 있습니다.

해외 투자자들의 실사(Due Diligence) 과정에 철저히 대비하는 것도 중요합니다.

- 투자 유치 단계에서 예상되는 심층 실사에 미리 대응할 수 있도록 법률, 재무, 기술 검토 자료를 준비해야 합니다.
- 국제 투자 계약의 일반적인 조건과 용어를 숙지해야 합니다.
- 각 국가의 법률 체계와 투자 관행의 차이를 이해하고 있다면 협상 과정이 한결 수월해집니다.
- 특히 지분 구조, 지적재산권, 컴플라이언스(준법) 이슈에 대해 투명성을 확보하고 있으면 해외 투자자의 신뢰를 높일 수 있습니다[45].

글로벌 액셀러레이터 프로그램 참여를 고려하는 것도 좋은 전략입니다.

- Y-Combinator, 500 Global과 같은 해외 유명 액셀러레이터뿐 아니라, 앞서 언급한 스파크랩, 테크스타즈 코리아 등의 프로그램에 참여하면 국제적인 멘토단과 투자자 네트워크에 접근할 기회를 얻습니다[17].
- 이러한 액셀러레이터는 스타트업의 글로벌 피치 역량을 강화하고 해외 투자자 연결고리를 제공하여 해외 투자 유치 과정을 촉진합니다.

정부나 공공기관에서 제공하는 해외 진출 지원 프로그램을 적극적으로 활용할 필요도 있습니다.

- 코트라(KOTRA)의 Invest Korea, 중소벤처기업부의 글로벌 진출 프로그램 등 정부 기관이 주관하는 투자 유치 지원 사업을 통해 잠재 투자자 발굴, 현

지 규제 자문, 해외 IR 행사 지원 등을 받을 수 있습니다.

▶ 예를 들어 K-Startup 그랜드 챌린지 프로그램은 해외 유망 스타트업을 한국
에 유치하는 것이 목적이지만, 역으로 한국 스타트업의 해외 투자 유치 및 진
출을 지원하는 모델을 제공하고 있어 활용 가능합니다.

▶ 정부 기관의 지원은 정보 제공뿐 아니라 신뢰성 제고 측면에서도 도움이 되
므로 적극 활용하는 것이 바람직합니다[25].

스타트업의 업종 특성을 고려한 전략도 필요합니다.

▶ 하드웨어나 제조 기반 스타트업의 경우 한국의 강력한 제조 역량을 강조하
면 해외 투자자에게 어필할 수 있습니다[24][45].

▶ 한국의 세계적인 제조 인프라와 공급망을 활용해 고품질 제품을 대량 생산
할 수 있다는 점은, 제조 시설이 부족한 국가의 투자자나 안정적인 생산 파트
너를 찾는 기업들에게 매력적인 요소입니다.

▶ 반대로 소프트웨어나 플랫폼 기업의 경우, 한국 시장에서의 검증된 트랙 기
록(user base, 매출 등)을 보여 주면서 이를 글로벌로 확장할 수 있는 시나리오
를 제시하는 것이 중요합니다.

## ❸ 향후 전망

한국 스타트업에 대한 해외 벤처캐피털의 투자는 최근 일시적으로 감
소하는 추세를 보였으나, 중장기적으로는 지속 증가하는 추세를 그리고
있습니다[18][22].

➡ 특히 이커머스, 핀테크, 헬스케어, AI, 콘텐츠 등 분야에서 두드러진 성과가 나타나며 해외자본 유치가 꾸준히 확대됐습니다[23][30][35].

➡ 미국 투자자들이 여전히 가장 적극적이지만, 싱가포르·일본·중국 등 아시아 지역 투자자들의 참여도 늘어나고 있어 투자국의 다변화가 이뤄지고 있습니다[39][40][42].

➡ 2023년 일시적 조정 국면을 거친 후 2024년 이후 특정 분야에서 투자 심리가 되살아나는 조짐도 보여 향후 회복 가능성에 대한 기대를 하게 합니다.

➡ 글로벌 AI 산업의 성장과 K-콘텐츠에 대한 지속적인 관심은 한국 스타트업의 해외 투자 유치에 긍정적인 영향을 미칠 것으로 예상됩니다.

➡ 실제로 2024년 1분기 해외 투자 건수와 금액이 증가하며 전체 스타트업 투자에서 해외자본이 차지하는 비중이 14.9%까지 상승한 것은, 한국 스타트업 생태계가 글로벌 투자자들에게 더욱 매력적인 시장으로 부상하고 있음을 보여 주는 신호입니다[22].

➡ 앞으로도 AI, K-뷰티, K-콘텐츠와 같이 한국이 강점을 가진 분야는 여전히 강력한 글로벌 경쟁력을 바탕으로 해외 투자자의 관심을 끌 전망입니다.

　한국 정부의 스타트업 생태계 육성 및 해외 투자 유치 지원 노력은 계속될 것으로 보입니다[25].

➡ 다양한 매칭펀드 조성 및 지원 정책을 통해 해외자본 유치에 적극 나설 것으로 예상됩니다.

➡ 예를 들어 정부가 추진 중인 글로벌 펀드 조성, 스타트업 코리아 펀드 등의 계획은 해외 투자 유치를 뒷받침하려는 적극적인 의지를 나타냅니다.

또 한편으로 국내 투자자들의 글로벌 투자에 대한 관심 증대와 해외 투자자들과의 협력 증가도 주목됩니다.

▶ 국내 VC와 해외 VC가 공동으로 투자하거나 합작 펀드를 조성하는 사례가 늘면서, 한국 스타트업 생태계가 더욱 글로벌 네트워크로 연결되고 활성화될 수 있음을 시사합니다[44].

▶ 이러한 국내외 투자자 간 협력은 국내 시장에 대한 깊은 이해와 국제 투자 전문성을 결합하여 스타트업들에게 더 큰 시너지를 제공할 수 있습니다.

물론 전반적인 투자 혹한기와 글로벌 선도 VC들의 한국에 관한 관심 부족에 대한 우려도 일부 존재합니다[26].

▶ 한국 스타트업들은 현재의 자금 조달 어려움을 극복하고 더 글로벌 지향적인 사고방식을 함양할 필요가 있습니다.

▶ 글로벌시장에서 통할 수 있는 비즈니스 모델을 고민하고, 초국가적인 경쟁력을 갖추는 노력이 요구됩니다.

▶ 더불어 건전한 엑시트(exit) 환경 조성을 위해 규제 장벽을 완화하고 M&A를 통한 투자 회수를 활성화하는 등 정책적 지원이 뒤따른다면 해외 투자 유치에 더욱 도움이 될 것입니다.

향후 해외 투자는 딥테크, AI 등 전략 분야에 집중되는 경향이 지속될 것으로 예상됩니다[23][35].

▶ 이는 한국 스타트업들이 강점을 가진 분야이자 글로벌 수요에 부합하는 영

역이기도 합니다.

▶ 이러한 분야의 스타트업들은 지속적인 혁신과 탄탄한 기반 기술 구축을 통해 국제 투자 흐름을 적극적으로 활용해야 합니다.

▶ 예를 들어 AI, 바이오 스타트업들은 국내 시장을 넘어 글로벌시장에서 통할 수 있는 수준의 기술력을 입증함으로써 해외 투자자를 꾸준히 끌어들일 수 있을 것입니다.

마지막으로, 미·중 갈등과 같은 지정학적 요인 변화는 아시아 지역에서 새로운 투자 대안을 찾는 자본에게 한국을 매력적인 대상으로 부상시키는 요인이 될 수 있습니다.

▶ 한국의 안정적인 거시 경제 및 정치 환경, 그리고 검증된 기술력은 글로벌 투자자들에게 신뢰할 수 있는 투자처로 인식되고 있습니다.

▶ 이러한 환경 변화는 한국 스타트업들이 글로벌시장에서 혁신적인 파트너로 입지를 강화하고 더 많은 해외자본을 유치할 기회를 제공할 수 있습니다 [26][44].

### 요약

해외 투자 유치는 한국 스타트업의 성장과 글로벌 진출에 필수적인 요소로 자리매김하고 있습니다.

▶ 해외자본은 국내시장의 한계를 넘어 더 큰 규모의 투자, 광범위한 글로벌 네트워크와 전문성, 신뢰도 향상, 전략적 파트너십 등 다차원적 이점을 제공합니다.

■ 따라서 다양한 유형의 해외 투자자(VC, 엔젤, CVC, PEF, 액셀러레이터 등)를 이해하고 각 투자자의 성향과 전략에 맞춰 효과적인 유치 전략을 수립하는 것이 중요합니다.

■ 최근 다소 해외 VC 투자가 위축되는 추세를 보이기도 했으나, 쿠팡과 토스 등 이커머스·핀테크 분야를 비롯해 헬스케어, AI, 콘텐츠 분야에서 나타난 굵직한 해외 투자 유치 성공 사례들은 한국 스타트업의 높은 잠재력을 보여 주고 있습니다.

■ 미국을 중심으로 싱가포르, 일본, 중국 등지의 투자자들이 한국 시장에 거는 기대는 여전히 크며, 정부의 지원 정책과 국내 투자자들의 글로벌 지향성 강화 추세와 맞물려 향후 전망은 밝은 편입니다.

■ 한국 스타트업은 지속적인 혁신적인 기술 개발, 글로벌시장 진출 전략 수립, 탄탄한 팀 구성, 명확한 사업 모델 제시 등을 통해 해외 투자자들에게 매력적인 투자 대상으로 자리매김해야 합니다.

■ 또한, 지정학적 변화와 글로벌 트렌드를 적극적으로 활용하여 새로운 투자 기회를 포착하고, 건전한 EXIT 전략을 함께 마련함으로써 해외 투자 유치의 지속 가능한 성장을 이루어 가야 할 것입니다.

- 1. 중소벤처기업부(2023). 「2023년 벤처투자 동향 분석」
- 2. Startup Alliance & Startup Genome(2023). 「대한민국 스타트업 생태계 보고서」
- 3. OECD(2021). "SMEs and Entrepreneurship Outlook"
- 4. KOTRA Invest Korea(2022). 「외국인 투자 동향 및 전략」
- 5. CB Insights(2023). "The State of Venture 2023"
- 6. PwC(2022). "Global VC Insights and Trends"
- 7. Harvard Business Review. https://hbr.org/topic/subject/start_ups
- 8. BCG(2022). "Smart Capital: The Rise of Strategic VC"
- 9. McKinsey & Company(2021). "How to Scale Innovation Through Strategic Investment"
- 10. OECD(2020). "Financing SMEs and Entrepreneurs"
- 11. Crunchbase(2024). https://www.crunchbase.com
- 12. Andreessen Horowitz. Portfolio Overview. https://a16z.com/portfolio
- 13. Business Insider. "Who are the Top Angel Investors in Tech"
- 14. NIPA(2023). 「CVC 활동과 스타트업 투자 동향」
- 15. CB Insights. Corporate Venture Capital 2023 Report
- 16. Bain & Company(2023). "Global Private Equity Report"
- 17. Y Combinator. Startup Directory & Stats. https://www.ycombinator.com
- 18. CB Insights(2023). "The State of Venture 2023"
- 19. Korea Startup Ecosystem Report, Startup Genome(2023)
- 20. 중소벤처기업부(2024). 「벤처투자시장 동향」
- 21. PwC(2023). "Venture Capital Trends Amid Global Uncertainty"
- 22. KED Global(2024). "Korea's Venture Investment Rebounds in 2024 Q1"
- 23. McKinsey & Company(2022). "VC Shift Toward Healthcare and Deep Tech"
- 24. 한국무역협회(2023). 「소부장 글로벌 경쟁력 분석」
- 25. KOTRA(2023). 「스타트업 해외진출 지원 전략」
- 26. The Korea Economic Daily. https://www.kedglobal.com

- 27. TechCrunch. "SoftBank Vision Fund Bets Big on Coupang"
- 28. Crunchbase. "Coupang Funding History"
- 29. CB Insights. "Kurly Becomes Unicorn with Sequoia China Investment"
- 30. Seoulz(2023). "MUSINSA's Global Investment Story"
- 31. Tech in Asia. "Toss Secures $80M, Joins Unicorn Club"
- 32. KED News. "Morgan Stanley Invests in Korea Credit Data"
- 33. BioWorld. "Medihub Secures International Capital"
- 34. The Biotech Report(2024). "3BIX Attracts UK Funding for Genomics"
- 35. Nvidia Blog(2023). "Nvidia Invests in Twelve Labs"
- 36. Maeil Business News. "Korean Deeptech Startups Attract Global Capital"
- 37. TechCrunch. "a16z Leads $52M Investment in Story Protocol"
- 38. Korea JoongAng Daily. "MyRealTrip Raises $57M"
- 39. CB Insights. "US VCs Ramp Up Korea Investments in 2024"
- 40. Asia. "SoftBank's Global Startup Bet Includes Korea"
- 41. Global Times. "Chinese VCs Eye Korean Market"
- 42. Business Times Singapore. "GIC Doubles Down on Korean Startups"
- 43. KOTRA Market Intelligence. "Foreign Direct Investment by Country"
- 44. World Economic Forum(2023). "Global Investment Trends: ESG and Emerging Markets"
- 45. Techstars Startup Playbook(2022). https://www.techstars.com/playbook
- 46. Dealroom.co(2023). "Startup Events & Investor Access in Emerging Markets"
- 중소벤처기업진흥공단 https://www.kosmes.or.kr/
- 한국벤처투자 https://www.kvic.or.kr/
- 신용보증기금 https://www.kodit.co.kr/
- 기술보증기금 https://www.kibo.or.kr/
- 한국벤처캐피탈협회 https://www.kvca.or.kr/